La Tentation du chaos

Éditions Jacques-Marie Laffont
16, rue de Lancry, 75010 Paris

Direction éditoriale : Édouard Frison-Roche
Direction littéraire : Katia Kaloun
Création graphique et mise en pages : Charlotte Thomas
Photographie en couverture : Jonas Jacquel

ISBN : 978-2-492545-05-4

Jean-Pierre
Guéno

La
Tentation
du
chaos

Contre les imprécateurs politiques
et pour un vrai projet de société

JACQUES-MARIE
LAFFONT

Tant que le peuple en général est passif, apathique,
diverti par le consumérisme ou la haine des plus vulnérables,
les puissants pourront faire ce qu'ils veulent.
Les survivants seront laissés à contempler le résultat.

Noam Chomsky

La tentation du chaos

Ils nous ont tellement déçus, depuis 1995, ces candidats à l'élection d'eux-mêmes pour lesquels nous avons le plus souvent voté par défaut, lorsque certains d'entre nous ne se sont pas tout simplement abstenus. En 2002 et en 2017, il nous est arrivé par deux fois de voter contre un candidat ou contre une candidate, plutôt que de plébisciter celui qui a fini par s'imposer ou l'un de ses adversaires, qui pouvait paraître digne de nos suffrages. Ce danger nous menace encore, en cette année 2022. Précarisés depuis vingt ans par des quinquennats trop courts, nos présidents nous ont renvoyé le reflet de nos propres travers, de mercredi en mercredi, de conseil des ministres en conseil des « sinistres ». Nous avons les élus que nous méritons. Ils sont à notre image : nous nous montrons trop souvent immatures, égocentrés, paradoxaux, divisés, velléitaires, capricieux, truffés de contradictions, chevaliers de l'instant, à la fois trop amorphes et trop impatients, consommateurs plutôt que citoyens, dissimulant la poussière de nos états d'âme sous le tapis soyeux de nos amnésies sélectives. Ils nous ont trop divisés pour essayer de régner plus facilement, nos présidents, combattant l'adversité par le clivage, par des discours incendiaires ou lénifiants, adoptant trop souvent le rôle terrible de l'apprenti sorcier ou du pompier pyromane. Ils sont le reflet de nos peurs et de nos fantasmes, comme celui de nos lacunes et de nos défections. Il leur est facile de nous flatter ou de nous culpabiliser. S'ils savent souvent se servir de nos points faibles pour nous manipuler, c'est de notre faute. Nous demandons trop à nos élus. Nous nous défaussons sur eux. Entre deux élections, nous nous replongeons trop souvent dans l'attentisme et dans la passivité ; nous les considérons comme des prestataires de services endettés à notre égard et « dégageables » sans préavis à la première défaillance.

Alors, il nous arrive de dysfonctionner, d'éprouver la tentation du chaos, par désespoir ou par cynisme. Nous savons bien que certains candidats n'incarnent rien d'autre que l'héritage plus ou moins édulcoré de ceux qui ont failli conduire le monde à sa perdition, que les partis des extrêmes ne peuvent que générer cette haine et ce rejet de l'autre qui constituent leur fonds de commerce. Mais certains parmi nous en viennent à vouloir « donner un grand coup de pied dans la fourmilière ». À vouloir « remettre les compteurs à zéro ». À voter pour l'impensable. À opter pour le chaos, à préempter l'apocalypse, à ressusciter la bête immonde. D'autres se contentent de s'abstenir, sans hésiter à faire l'impasse sur leurs devoirs de citoyens, rejoignant le grand bataillon des désengagés, des démotivés, des « àquoibonistes », pour reprendre une expression de Serge Gainsbourg. Certains parmi nous adoptent donc ce comportement à la fois suicidaire et mortifère qui risque de faire d'eux les chevaliers du vide et du néant… *Le Cri* d'Edvard Munch fut un signe précurseur et avant-coureur du tsunami de 1914. Il en existe cinq versions, trois peintures, un pastel et une lithographie, réalisées entre 1893 et 1917. Le 22 janvier 1892, Edvard Munch écrit dans son journal intime : « Je me promenais sur un sentier avec deux amis – le soleil se couchait – tout d'un coup le ciel devint rouge sang. Je m'arrêtai, fatigué, et m'appuyai sur une clôture – il y avait du sang et des langues de feu au-dessus du fjord bleu noir de la ville – mes amis continuèrent, et j'y restai, tremblant d'anxiété – je sentais un cri infini qui passait à travers l'univers et qui déchirait la nature. » Ce n'est donc pas le personnage de Munch qui crie : c'est l'univers tout entier. Et l'être qui perçoit l'angoisse de ce cri assourdissant ne peut qu'essayer de se boucher les oreilles.

Les 10 et 24 avril 2022, lors des deux tours de l'élection présidentielle, l'angoissé de Munch va se remettre à hurler : le plus grand parti politique de France restera celui des abstentionnistes ce qui, à l'heure où un candidat peut être élu avec seulement 20 % des suffrages exprimés, donne envie de crier.

Tant de ratés depuis près de quarante ans

Depuis la réhabilitation de Jean-Marie Le Pen par François Mitterrand il y a trente-sept ans, de nombreuses décisions, de nombreuses absences de décision ont contribué à forger un climat politique délétère et démotivant, tant pour les candidats que pour les électeurs. La société s'est durcie. La menace du chômage a intimidé et découragé des salariés qui se sont très souvent désengagés des revendications sociales, des actions collectives, du syndicalisme et de la politique. Les écarts entre les riches et les pauvres se sont creusés. La société s'est fragmentée. La corporation des ouvriers s'est évaporée pour cause de robotisation ou de délocalisation. On a trop opposé les actifs aux retraités et aux chômeurs, les jeunes aux vieux, les salariés du secteur public à ceux du secteur privé, les urbains aux ruraux. Les fractures de tout ordre se sont multipliées : les grandes transitions auxquelles nous devons faire face, qu'elles soient numériques, énergétiques, climatiques, écologiques, démographiques, géographiques, éthiques, culturelles, spirituelles, sociales ou sanitaires, ne sont sans doute rien d'autre que le résultat de nos grandes factures sociétales, qui sont elles-mêmes le fruit de nos incohérences et de nos contradictions. Les sédentaires que nous sommes devenus au fil des siècles sont redevenus des nomades en errance. Mais rien à voir avec les gens du voyage ou avec les migrants saisonniers qui ont toujours su, dans leurs transhumances permanentes ou épisodiques, compter avec l'épaisseur du temps, les distances à parcourir et le cycle des saisons. Lorsque nous en avons les moyens, nous devenons facilement des avides, des consommateurs-pilleurs, des templiers du « tout, tout de suite », de l'immédiat, des chasseurs-cueilleurs, des nomades de l'instant, des butineurs, des prédateurs multicartes, des opportunistes préférant oublier les leçons du passé, zapper et vampiriser le présent, hypothéquer l'avenir, improviser plutôt que de chercher à prévoir, à planifier ; nous préférons bâcler, enfourcher une dialectique de la réaction, plutôt que de bâtir et d'investir pour forger des après-demain viables. Nous détruisons alors de la valeur en injectant du vide et de la poudre aux yeux dans les articulations de nos existences. Nous fabriquons notre arthrose en devenant des surfeurs du très court terme, des chevaliers du Botox, des champions du cosmétique, du maquillage et du camouflage. Les trop-pleins de nos sociétés d'abondance nous « délient » les uns des autres. Nos écritures comptables nous déshumanisent. Nos SUV polluent en nous surélevant. L'*homo sapiens*, l'homme moderne est censé être devenu un *homo quanticus*, avec des raisonnements et des comportements « interférentiels », projeté dans un fourmillement de réseaux, de connexions et de nœuds, alors que nous n'avons jamais autant été isolés, enfermés dans notre solitude physique et dans nos monologues. Nous revivons d'une certaine manière un âge de pierre dans la mesure où les formes de vie basées sur le silicium supplantent la vie organique. Nous vivons régis par des algorithmes. Nos Smartphones et nos GPS nous aiguillent en nous incitant à réagir plus qu'à réfléchir. La réalité de la complexité du comportement humain a toujours été, et reste encore aujourd'hui, la première arme de défense contre les totalitarismes en tout genre, dont le dénominateur commun est toujours la recherche d'une efficacité maximale, que ce soit le nazisme, le stalinisme, le maoïsme d'antan ou l'ultracapitalisme d'aujourd'hui. S'il est vrai que les constructions très rationnelles des dictatures se sont toujours heurtées au comportement interférentiel de la nature humaine, et qu'elles ont toujours essayé de le contrer, il ne faudrait pas que l'*homo quanticus* délègue à ses machines et à ses déambulateurs digitaux sa part de pensée et surtout son sens de la nuance. Il n'y a pas seulement 50 nuances de gris. Il y a potentiellement sur notre planète 8 milliards de nuances de pensées personnelles capables, certes, de se mettre en réseau, mais aussi de se neutraliser les unes les autres au cœur d'un troupeau passif et résigné, « bétail doux, poli et tranquille » pour reprendre une expression d'Antoine de Saint-Exupéry. Les inéluctables transitions que nous devons assurer nous obligent aujourd'hui à solder les multiples fractures engendrées par nos multiples bavures.

Parmi tant d'erreurs, on pourrait citer :

- le désengagement de l'État qui a trop souvent déserté ses fonctions régaliennes (justice, police, ordre public et sécurité, éducation, diplomatie et affaires étrangères, défense, monnaie et finances) et son rôle de régulateur dans le contexte toxique d'un ultralibéralisme exacerbé, et qui continue aujourd'hui à prétendre renforcer les moyens de la défense et de la police, tout en restant à des années-lumière de rattrapages pourtant indispensables ;
- un double langage de l'État qui n'a jamais autant supprimé de lits d'hôpitaux publics que depuis l'apparition du Covid en 2020, sachant que, depuis 1998, 100 000 lits ont été supprimés, parmi lesquels 4 900 en 2017 (-1,2 %), 4 200 en 2018 (-1,1 %), 3 100 en 2019 (-0,8 %) et… 5 700 en 2020 (-1,5 %), dans l'année qui a suivi l'apparition de la Covid-19 : selon une enquête éclair de la Direction

générale de l'offre de soins, 2 % des lits hospitaliers ont encore fermé entre octobre 2020 et octobre 2021[1] ;

- le « défaussement » de ce même État qui reporte sur les collectivités locales les missions qu'il abandonne, le plus souvent sans transfert de moyens ;
- la privatisation de pans entiers du service public qui sont livrés à la spéculation, au détriment de l'intérêt général, du lien social et du bien *commun* ;
- le « court-termisme » général qui est le fruit des seules échéances électorales ou comptables ;
- l'imprévoyance de l'État qui a dilapidé l'argent cotisé par les actifs en période faste à une époque où il y avait quatre actifs pour un retraité, et qui n'arrive pas à affronter le boom démographique du « papi » et du « mamie boom » ;
- la dépréciation et la précarisation de la fonction publique en général, de la justice, de la santé et de l'éducation en particulier ;
- le dévoiement des mutuelles complémentaires de santé, devenues des *cash machines* dénuées de tout esprit de solidarité : les complémentaires ont collecté en 2019 38,4 milliards d'euros par an, et n'en ont reversé que 30,3 milliards, sous forme de prestations qui ne représentent parfois pas plus de 60 % des cotisations payées ;

1. Elsa de La Roche Saint-André, « Checknews : Emmanuel Macron a-t-il fermé 17 600 lits d'hôpital en quatre ans, comme l'affirme François Ruffin ? », *Libération*, 24 décembre 2021.

- la désertification des campagnes, des villes moyennes et des petites villes, tant sur le plan démographique que sur le plan commercial ou médical ;
- le naufrage écologique, l'accélération du réchauffement climatique, l'augmentation de toutes les pollutions qui voient aujourd'hui l'improvisation et la panique succéder à des décennies d'attentisme, de mutisme et de déni ;
- la diabolisation de l'énergie nucléaire ;
- l'absence de véritable urbanisme, l'enlaidissement des villes comme des paysages ;
- la multiplication de « non-territoires » dans les zones suburbaines ;
- l'accroissement de toutes nos dépendances, tant sur le plan énergétique qu'industriel et financier, dû à des vagues de délocalisations ;
- la distension des liens sociaux et la détérioration du « vivre ensemble » ;
- le désengagement des électeurs et l'inflation des abstentions ;
- le dérapage des coûts inhérents à nos besoins fondamentaux : ceux de l'énergie et du logement ;
- la dialectique désastreuse et tragique du « en même temps » ;
- l'attitude toxique qui consiste à engendrer une marche, un mouvement sans cap, sans plan de vol ou de navigation, sans GPS et sans boussole.

L'effet destructeur du tout à l'ego et du chacun pour soi

Longtemps, les êtres humains que nous sommes n'ont pas songé à contester le caractère vital et fondamental de la solidarité. Notre espérance de vie était courte, nous étions éphémères et fragiles, il nous fallait nous efforcer de survivre. Et puis, les progrès de la science et de la médecine ont rallongé nos vies. La société de consommation est venue nous donner l'illusion du confort définitif et de la jeunesse éternelle. Nous avons cru pouvoir devenir « autosuffisants » dans tous les sens du terme. Nos vanités ont repris de l'assurance. Notre ego a trouvé le champ libre pour s'épanouir. Il a ensuite trouvé des outils sans précédents pour se propager facilement : ceux de l'hyper-narcissisme qui est venu se nourrir et s'exhiber grâce au web sur les réseaux dits « sociaux », à grand renfort de selfies, de « débraguettage », d'exhibitionnisme et d'autosatisfaction. Nous sommes entrés dans l'ère du « tout à l'ego », des chevaliers du « moi-je », des apôtres de nous-mêmes, des adorateurs de nos petites personnes. Il y a seize ans, j'avais demandé à mes concitoyens de m'adresser les plus belles lettres d'amour qu'ils avaient pu écrire ou retrouver dans leurs archives. Jusqu'au début des années 1970, les lettres disaient « je t'aime ». À l'apogée des Trente Glorieuses, en 1975, elles se sont mises à dire « je m'aime ». « L'autre » s'est vu instrumentaliser, devenant progressivement le miroir qui nous renvoie notre image ou l'outil de nos plaisirs charnels.

L'amour tourne en boucle lorsqu'il vire à l'amour de soi. Il devient narcissique. Il faut le désastre d'une catastrophe naturelle ou d'un séisme historique pour nous rappeler à l'ordre et pour nous faire redécouvrir le caractère indispensable de la solidarité. Le confort nous endurcit. Il nous donne ce qu'Antoine de Saint-Exupéry appelait une « âme de corne ». Mais le grand vieillissement renforce la réalité et les méfaits de la grande dépendance. Le très grand vieillard est aussi dépendant et vulnérable que le nourrisson qui vient de naître. Sans l'aide des autres, sans leur empathie, sa vie devient un enfer.

Nous nous sommes créé des bulles : des bulles financières, des bulles immobilières, des bulles géographiques, des bulles territoriales, des bulles digitales, des bulles médiatiques, des bulles génétiques. Elles n'enserrent plus rien de transparent, ces bulles. Elles sont codées. Elles sont bourrées de chiffres, d'indices, de cotes, d'index, de schémas, de courbes et de valeurs boursières. Elles sont truffées de déni. Elles sont chargées de béton, de verre et de matériaux de construction qui viennent grignoter les forêts et les océans. Nourries d'algorithmes, de zéros et de uns. Truffées de bruits, de bavardages, de rumeurs et de nouvelles falsifiées. Farcies de manipulations d'apprentis sorciers.

Elles prennent le temps de prospérer, de s'épanouir avant d'éclater, comparables à des tumeurs cancéreuses lorsqu'elles diffusent leur part de métastases. Elles peuvent se reconstituer, essaimer à leur manière, dans une parthénogenèse insensée. Chacune de ces bulles est en fait elle-même une machine à bulles, une machine folle qui finit par se reproduire et par échapper à tout contrôle. La plus folle est celle de ces « réseaux sociaux », qui n'ont rien de social. Il s'agit en réalité de réseaux barbares qui font prospérer l'inhumanité du tout à l'ego et qui font du moi la métastase sociale par excellence. La machine à bulles des réseaux sociaux est l'aboutissement de toutes les autres. Elle leur donne enfin l'arme nucléaire nécessaire à leur épanouissement. Elle est leur vivier, leur accélérateur, l'incubateur des bulles financières, des bulles immobilières, des bulles digitales et des bulles médiatiques. Elle accroît à la fois leur obésité et leur part de néant. Elle ne crée que de fausses valeurs tout en détruisant les véritables. Elle procède par agrégation, par accumulation du vide. Elle ne fait que propager la fausse rumeur, la calomnie et la manipulation. Comme la bulle médiatique, la bulle des réseaux sociaux surfe sur la loi de Panurge. Elle se nourrit de sondages, de mouvements de foule, de référendums permanents, de réactions épidermiques. Elle carbure au stress, à la colère, à la panique, à la pulsion, à l'anxiété. Elle se nourrit de complotisme et de paranoïa.

Les virus et les mauvaises bulles ont des points communs. Ils font proliférer les trous noirs et l'antimatière. La Covid-19 finira certes par éclater. Ses épines en forme de ventouse finiront par se ratatiner provisoirement après nous avoir étouffés. Elle entrera peut-être en sommeil pour attendre sa mutation. Et, à son image, nos mauvaises bulles, dont certaines « start-up » chargées de vide, continueront à croître tout en éclatant périodiquement au rythme des montagnes russes de nos bourses. Notre Terre elle-même est une bulle. Elle est à mi-parcours ; elle éclatera un jour, avalée par son Soleil, au terme d'un cycle de dix milliards d'années, si nous n'accélérons pas le processus. Dans l'après-virus, nous devrons continuer à nous laver soigneusement les mains. Mais nous ne pourrons pas le faire comme si rien n'avait changé. Nous ne pourrons pas dire cyniquement : « L'avenir, je m'en lave les mains. » Nous n'aurons plus aucune excuse.

À l'ère des médias miroirs, il nous faut poursuivre l'analyse de la religion du moi. Nous n'avons pas seulement les élus que nous méritons, nous avons aussi les médias que nous méritons. Ceux qui ont fait dire à nos voisins européens que nous donnions dans la « politique spectacle » ou dans la « pandémie spectacle ». Quand tout va mal, nos médias jouent-ils le rôle de vigies, de sentinelles ou celui de pompiers pyromanes ? Jouent-ils le rôle du coq qui nous informe sur la levée du jour ou de celui qui se pavane sur son tas de fumier ? Sont-ils formatés pour nous flatter ou pour nous déprécier, pour nous informer ou pour nous désinformer ? Sont-ils conçus pour nous éclairer ou pour nous faire subir la douche écossaise, l'alternance des électrochocs et des soporifiques, en juxtaposant l'art de stresser et celui de lénifier ? Il est assez facile de « tester » chaque présentateur, chaque orateur, chaque « spécialiste », chaque « initié » mis en avant ou sollicité par une chaîne d'information : est-il, en fin de compte, orienté vers les autres ou vers lui-même ? Est-il un adepte de la religion des autres ou de la religion du moi ? Est-il porteur du virus de l'ego ou du bonus de l'altérité ? Chacun de nous est en grand danger lorsqu'on lui demande son avis ; danger qui consiste à oublier de s'imaginer à la place des autres, et de finir par les écraser au lieu de les aider, par les freiner au lieu de les propulser. Le temps n'est pas à la polémique. Mais quand le cyclone de la pandémie se calmera enfin, il sera utile d'analyser la mémoire sédimentée : il sera possible de détecter les contradictions et les tâtonnements qui n'ont rien en soi de choquant. Mais il sera possible également de détecter les vrais mensonges et les informations volontairement falsifiées. Notre planète a toujours porté des valets de la propagande, des artisans de l'enfarinage, des serviles qui nous rabaissent en croyant se grandir. Il nous arrive d'en être les complices. Mais le mensonge devrait être disqualifiant. Il relève d'une sorte de crime contre l'autre. À terme, quand tout se calmera, nous identifierons les vrais menteurs pour leurs flagrants délits. Mais nous oublierons vite, prenant pour une renaissance ce qui ne sera qu'une accalmie, et les menteurs retrouveront leur crédibilité plus vite qu'on ne le croit, peut-être parce que nos cerveaux reptiliens ont terriblement besoin de croire leurs mensonges. En fait, le malentendant n'est peut-être pas le sourd, mais celui qui refuse de comprendre.

Dans l'immédiat, il est urgent de respecter des « gestes barrière », une distance de sécurité avec ce qu'un philosophe appelle « les réseaux asociaux » et ces « showcrates » des chaînes d'information en continu, lorsqu'il leur arrive de projeter la lumière sur eux-mêmes au lieu de la transmettre, et qu'ils font de nous des moutons anxieux et déprimés.

Il est urgent de relire les instants de basculement et de décentrement de certains êtres humains lorsqu'ils ont découvert que notre vie ne prenait un sens que lorsque nous la tournions vers les autres. Ainsi, Jacques Rivière, meilleur ami d'Alain-Fournier et créateur de la NRF, découvre qu'il n'est pas le centre du monde au cours de sa captivité pendant la Grande Guerre.

Jusqu'ici, je n'ai su vraiment aimer que les femmes. Avec les hommes, il y a toujours eu ce détestable quant-à-soi de l'auteur, cette crainte d'être dérangé, qui, au moment où je rencontrais les véritables différences de l'ami, celles auxquelles il eût fallu se soumettre, se subordonner pour aller plus loin, me conseillait de me retirer, de ne pas entrer dans ces difficultés. Je voudrais que l'amour des femmes et que le long désapprentissage que je fais ici de moi-même m'apprissent à dépasser pour tous mes aimés cette courtesse d'âme que je déteste. Se perdre vraiment en chacun, cesser en sa faveur d'être, d'exister, de subsister. Mon Dieu, donnez-moi la charité.

Jacques Rivière, 8 juin 1915

Ou encore la prise de conscience d'Antoine de Saint-Exupéry pendant cette mission suicide d'Arras, en juin 1940, dont il reviendra vivant par miracle :

Le tir a brisé une écorce. Toute cette journée-ci j'ai sans doute préparé en moi la demeure. Je n'étais que gérant grincheux. C'est ça, l'individu. Mais l'Homme est apparu. Il s'est installé à ma place, tout simplement. Il a regardé la foule en vrac, et il a vu un peuple. Son peuple. L'Homme, commune mesure de ce peuple et de moi. C'est pourquoi, courant vers le Groupe, il me semblait courir vers un grand feu. L'Homme regardait par mes yeux – l'Homme, commune mesure des camarades.

Si les individus se sont abâtardis, si j'ai été vaincu, de quoi me plaindrais-je ?

Je ne découvre rien, mais, comme au sortir du sommeil, je revois simplement ce que je ne regardais plus. […] Dans ma civilisation, celui qui diffère de moi, loin de me léser, m'enrichit.

Saint-Exupéry, *Pilote de Guerre*

Ou, enfin, la révélation d'André Frossard, lorsqu'il rencontre la foi, le 8 juillet 1935 dans la chapelle des religieuses de l'Adoration Réparatrice, rue d'Ulm, à Paris.

Mon regard passe de l'ombre à la lumière […], se fixe sur le deuxième cierge qui brûle à gauche de la croix […]. Et c'est alors que se déclenche, brusquement, la série de prodiges dont l'inexorable violence va démanteler en un instant l'être absurde que je suis et fait venir au jour, ébloui, l'enfant que je n'ai jamais été.

[…] La dernière syllabe de ce prélude murmuré atteint à peine en moi la rive du conscient que commence l'avalanche à rebours. Je ne dis pas que le ciel s'ouvre ; il ne s'ouvre pas, il s'élance, il s'élève soudain, fulguration silencieuse, de cette insoupçonnable chapelle dans laquelle il se trouvait mystérieusement inclus. […] Il y a un ordre dans l'univers, et à son sommet, par-delà ce voile de brume resplendissante, l'évidence de Dieu, l'évidence faite présence et l'évidence faite personne de celui-là même que j'aurais

nié un instant auparavant, que les chrétiens appellent notre Père, et de qui j'apprends qu'il est doux, d'une douceur à nulle autre pareille, qui n'est pas la qualité passive que l'on désigne parfois sous ce nom, mais une douceur active, brisante, surpassant toute violence, capable de faire éclater la pierre la plus dure et, plus dur que la pierre, le cœur humain.

… En même temps une nouvelle famille m'est donnée qui est l'Église…

Toutes ces sensations sont simultanées. Tout est dominé par la présence, au-delà et à travers une immense assemblée, de celui dont je ne pourrai plus jamais écrire le nom sans que me vienne la crainte de blesser sa tendresse, devant qui j'ai le bonheur d'être un enfant pardonné, qui s'éveille pour apprendre que tout est don.

André Frossard, *Dieu existe, je l'ai rencontré*

Le règne des imprécateurs et des cracheurs de feu

À quelques encablures de l'élection présidentielle, ils ne sont pas si nombreux, les candidats en lice qui se réfèrent à un véritable projet de société. La plupart n'expriment en public que des rejets et des incantations sur les thèmes qui fonctionnent, et se reposant sur la désignation de boucs émissaires livrés à la vindicte de la rue : immigration, insécurité, nucléaire… Tels sont les thèmes majeurs invoqués par les imprécateurs, projetés en « tête de gondole », et qui instrumentalisent toutes nos différences, toutes nos particularités, pour en faire des pommes de la discorde qui viennent appauvrir le terreau, le compost de l'élection, que ces différences soient ethniques, nationales, culturelles, religieuses, sociales ou politiques. Ce qui pourrait aboutir à ce qu'Édouard Glissant appelle la « créolisation » et qui pourrait nous libérer de toutes les horreurs identitaires, de tous les faux-semblants, de tous les faux-fuyants de l'ethnie et de la race, finit par nous dresser les uns contre les autres, par nous diviser, pour assurer le règne de ces conquérants du pouvoir qui briguent nos bulletins de vote en même temps que nos abstentions. L'éventail des boucs émissaires selon la tendance de ceux qui les désignent ? Au pilori le juif, le jésuite, le franc-maçon, le bourgeois, le capitaliste, le prolétaire, le révolutionnaire, la « populace », l'ennemi national héréditaire, l'étranger en général et en particulier l'Arabe, le musulman, le Chinois ; au diable l'émigré, l'intellectuel ou les « élites ».

Ils abusent de nos faiblesses et de celles du peuple, nos candidats à l'élection, en bons harceleurs, en bons chevaliers de la psychose. Ils s'évertueront ensuite à revendiquer l'extinction des incendies qu'ils auront allumés. Lorsque leur mouvement politique a conçu un programme, ce qui est le cas pour le Parti socialiste, pour Les Républicains, pour les partis écologistes, le projet reste trop souvent caché, peu médiatisé pour le grand public : on communique alors plus sur le candidat que sur son programme, dans la mesure où la mouvance qui a élaboré le programme souffre de divisions internes.

La petite entreprise qui prospère est bel et bien celle de l'emprise. Jadis et naguère, les apprentis dictateurs avaient assez de souffle et de charisme pour fasciner les foules et pour rallier des suffrages impressionnants, hélas très largement majoritaires. Aujourd'hui, nombre de nos apprentis sorciers manquent à la fois de vrais projets, de souffle et de charisme. Ce sont nos abstentions, nos démissions qui font leur force potentielle et qui peuvent leur apporter des victoires non méritées, non plébiscitées.

Autour des démons candidats, il y a, comme dans les toiles de Jérôme Bosch, des bataillons d'anges noirs qui sont les exécuteurs des basses œuvres, les harceleurs des plateaux télé, les professionnels de la gastro et de la logorrhée en continu. Ils sont les militants du pire, les cracheurs de feu grégeois. Certains cracheurs débutants utilisent de la paraffine liquide mais aussi du cacao en poudre, du sucre glace ou de la farine, histoire de se la jouer « coup de grisou ». Des cracheurs de feu, il en existe depuis toujours : c'est un « art de la rue », mais les adeptes de cet art au sens figuré sont des adeptes de la ruée et de la curée, des hérauts du désenchantement, des annonceurs de déluge et d'apocalypse, des prédicateurs du pire. C'est de la bouche du diable que sort leur feu, cet ange des ténèbres qui adore souffler sur les mauvaises braises de la haine pour réveiller en sursaut les quidams assoupis que nous sommes, en pleine sieste postprandiale. Ils ont proliféré depuis le début de la pandémie, en 2019, car ils sont eux-mêmes des propagateurs de virus. Les médias les adorent : ils arborent des titres ronflants en « ogue », qui riment avec « dogue » comme avec « démagogue ». Ils sont doctes, plus encore que docteurs, servent de caution et font monter le taux d'audience avec l'adrénaline des auditeurs. En réalité, nous sommes tous menacés, car le mal est très contagieux. Lorsque nous ne devenons pas les VRP multicartes des mauvaises fausses nouvelles, les Diafoirus de la mémoire, les cuistres grandiloquents et rétrogrades des bas plateaux télé et les transformistes du « je sais tout sur tout », nous avons vite fait de revendiquer une spécialité : certains, parmi nous, se déguisent en blouse blanche et transforment les ambulances en corbillards. D'autres deviennent anesthésistes ou fossoyeurs de nos empathies instinctives, en réveillant chez leur prochain l'esprit de haine et de défiance, et en crachant leurs flammes sur tous les boucs émissaires de la terre. D'autres encore font mousser la terreur de l'insécurité et prêchent le retour à l'ordre en déclenchant le chaos. Ils ne cessent d'évoquer toutes les décadences : plus de saisons, plus de jeunesse, plus de morale, plus de valeurs. À leurs yeux, les choses ne sont définitivement et irrémédiablement plus ce qu'elles étaient. Quel que soit notre âge, nous risquons de devenir, parfois très jeunes, membres de la ligue des « vieux cons ». Nous choisissons alors nos mots-clés, nos mots fétiches : délinquant, migrant, assisté, parasite, décadence. Nous prenons un ton râleur, grincheux, aigri, plaintif, négatif, désabusé. Nous regrettons tout mais nous ne proposons rien. Notre flamme artificielle pourrait être bleue, couleur viagra, comme celles des feux follets. Nous la crachons avec notre bile. D'une certaine façon, nous sommes déjà morts. Nous sommes enfermés dans le carcan de nos idées courtes et nous purgeons la grande peine capitale du défaitisme à perpétuité. C'est un jeu dangereux : de la même manière qu'il existe des arroseurs arrosés, il existe des flambeurs flambés. Des apprentis dragons, des pyromanes qui osent prétendre jouer les pompiers, mais qui finissent par se griller eux-mêmes en crachant la flamme. Cette nouvelle guerre du feu ne fait qu'incinérer l'incroyable richesse de toutes les différences qui nous relient.

La violence des imprécations

Elles vont par flots, par vagues, les imprécations. Les imprécateurs sont des artisans de la haine, des coupeurs de liens, des briseurs de porcelaine, des rayeurs de carrosseries, des lanceurs d'anathèmes et de malédictions. Ils deviennent souvent des récidivistes de l'exécration. Jadis, ils s'adressaient aux dieux infernaux ; ils s'adressent aujourd'hui au diable. Étymologiquement, le mot est issu de notre ego. En bas latin, l'imprécation désignait le fait d'appeler la bénédiction de Dieu sur soi-même, et donc la malédiction sur autrui.

La veille de sa visite de campagne électorale dans les Bouches-du-Rhône et dans le Vaucluse, une candidate à la magistrature suprême a affirmé vouloir « ressortir le Kärcher de la cave » pour « nettoyer les quartiers » et « remettre de l'ordre dans la rue », reprenant l'expression restée tristement fameuse d'un ministre de l'Intérieur en exercice, en 2005, lorsqu'il voulait « nettoyer au Kärcher » la Cité des 4 000 à la Courneuve, en Seine-Saint-Denis, ou encore traiter à sa manière les problèmes de la cité de la Dalle, à Argenteuil, dans le Val-d'Oise, lorsqu'il disait : « Vous en avez marre de cette bande de racailles ? Eh bien, on va vous en débarrasser ! »

La candidate imagine des brigades mobiles, « des brigades coups de poing, incluant des moyens numériques, le Fisc, mais aussi l'armée, afin de sécuriser les périmètres d'intervention ».

Il convient ici de revenir sur la violence des images utilisées. Les outils préférés des nettoyeurs en tout genre, lorsqu'ils « traitent la vermine » (termites, cafards, punaises, rats…) sont le nettoyeur à haute pression et les insecticides, les pesticides de choc. Dans les tranchées de la Grande Guerre, les « nettoyeurs » de tranchées sévissaient dans les deux camps. Armés de grenades, de revolvers, de poignards et parfois de lance-flammes, ils achevaient les blessés ou les survivants entre deux assauts.

La violence peut-elle servir à prévenir la violence ? Peut-on prévenir, réduire la misère sociale en l'écrasant ?

Les outils des imprécateurs, des nettoyeurs en tout genre, sont des outils d'extermination, à l'image de ceux de Terminator, le robot, le meurtrier cybernétique à l'apparence humaine qui a donné son titre au film de James Cameron, sorti en 1984.

Les imprécateurs et les imprécatrices, que leur nom commence par un Z, par un M, par un P ou par un L, sont bel et bien à leur manière des exterminateurs.

Le grand imprécateur

Éric Zemmour, celui qui affirme qu'appeler son enfant Mohamed, c'est coloniser la France, Éric Zemmour est certainement l'imprécateur par excellence. Il est aussi l'un des plus grands faussaires de l'histoire que l'histoire ait jamais connu.

Parmi les ténors de la politique, les apprentis dictateurs qui cherchent à prendre les mauvais vents nauséabonds pour gonfler les voiles de leur machine de guerre flottante, il en est qui ont un charme et un charisme à la fois négatifs et toxiques. Leur antipathie, leur brutalité, leur violence envoûtent et fascinent. Ils ont l'art de mettre sous emprise cette partie du peuple qu'ils prétendent conduire. Ils font rimer le français, l'anglais et l'allemand : « sauveur » et « leader » avec « führer ».

On avait subi Hitler, Mussolini, Trump ; on a découvert Zemmour. L'homme qui prédit une guerre civile qu'il cherche à allumer.

La seule trace d'innocence qui a pu effleurer ces porteurs de chaos se trouve parfois dans leur regard d'enfant. Le masque du cynisme a très vite pris le dessus.

Ils ont tous un point commun. Ils ne s'aiment pas. Ils souffrent du syndrome de l'ange déchu. Ils ont tous quelque chose du Léviathan. Ils sont donc incapables d'une véritable empathie à l'égard de l'humanité sur laquelle il leur reste à prendre une revanche qui restera toujours insatiable et inassouvie. Ils ont la vocation des semeurs de discorde et de haine. Ils sont à la fois les cavaliers de l'Apocalypse et les chevaliers de la barbarie. Malgré tout leur savoir-faire de manipulateurs, ils ont des rictus, des gestes et des paroles qui leur échappent et les trahissent. Ils savent se victimiser. Ils trouveront toujours des courtisans serviles, des exécuteurs de basses œuvres, des milices, des tortionnaires désœuvrés en quête de sévices à infliger. Tous ont été caractérisés par un ego surdimensionné. Tous ont eu des problèmes avec les femmes. Tous ont été portés par les médias dont ils étaient la corne d'abondance, le piège à lecteurs et à publicité. Ces souffleurs de haine surfent sur le désenchantement de leurs contemporains. Faute d'avoir des idées, ils incarnent une idéologie. Ils se transforment en Père Fouettard pour mieux usurper la fonction de Père Noël. Et trop nombreux sont parmi nous ceux qui ne comprennent pas que la trique qu'ils rêvent d'utiliser contre autrui risque de se retourner contre eux. Il est utile de relire André Suarès et ce qu'il écrivait dès 1935 dans *Vues sur l'Europe*, publié quatre ans plus tard, en évoquant un certain Adolf : « Jusqu'au moment où l'Antéchrist se révélera par sa fureur, il se voile d'astuce, de miel et de mensonge : il fait le bon apôtre, il offre la paix, il pleure de tendresse, il aime sa proie, tant il en sent déjà le goût entre ses dents, rêvant qu'il la dévore. Et de toutes parts, ceux mêmes qu'il doit dévorer l'admirent, le croient et lui font cortège. Car c'est la loi : il n'y a pas d'Antéchrist sans l'aide servile des fidèles ; et les imbéciles passent en complaisance les fanatiques mêmes : les imbéciles sont toujours lâches et très bas. »

Les Donald Trump, Boris Johnson et Éric Zemmour sont des grands naufrageurs. Ils sont les mousquetaires de la rupture. Ils incarnent la plus grande menace qui ait jamais pesé sur le lien social. Dans tout jeu de cartes, il faut un mistigri, un chat gris, un valet de trèfle, un raminagrobis, un greffier de l'enfer qui va porter sa croix de trèfle de faux martyr et se faire passer pour un bouc émissaire après avoir lui-même voué aux gémonies une bonne partie de ses semblables. Un mauvais justicier qui se déguise en guignol et fait régner l'ordre du mal, et parfois celui du mâle, à coups de bâton. Il prétend servir les femmes pour qu'elles le servent mieux. Ce grippeminaud est son propre maître. Il est l'enfant incestueux de lui-même, de nos dysfonctionnements, de nos maladies de la persécution et de nos contradictions. L'enfant de notre fascination intempestive et récurrente pour le mal et pour le chaos. Ses mots le trahissent. Il ne dit pas « lorsque je viendrai au pouvoir » ou « lorsque l'on m'accordera le pouvoir » mais « lorsque je prendrai le pouvoir ».

Celui qui veut interdire les prénoms « non français » en France, le permis à points, le service public de l'audiovisuel, celui qui veut suspendre le droit d'asile, celui qui veut bouter l'humanité hors de France et qui renie la caste des journalistes à laquelle il a appartenu, pourrait arborer un slogan : « Heureux comme le diable en France. » À la veille de l'an neuf 2022, il a cherché à enfariner les catholiques de France avec un clip vidéo de vœux de Noël qui prétendait prêcher l'amour et l'apaisement après que le précédent eut prêché la haine.

Serions-nous masochistes ? Aimerions-nous à nous faire peur ? Aurons-nous sempiternellement et jusqu'à la fin des temps besoin de nous laisser fouetter et berner une fois par siècle par un porteur des valises de l'enfer, praticien expérimenté du côté obscur de la force ?

Chez les adeptes des arts divinatoires et de la cartomancie, le valet de trèfle, lorsqu'il s'affiche à droite de la dame de pique, est de mauvais augure. Celui qui prétend que son nom signifie « olivier » en berbère et symbolise la paix ressemble beaucoup à ce roi de la nuit qui, dans la série *Game of Thrones*, dirige les forces infernales des marcheurs blancs et de l'armée des morts. En fait, Éric Zemmour est un terroriste de la pensée, un grand inquisiteur.

Les terroristes de la pensée sont des gens qui font passer les différences pour des incompatibilités. Longtemps, l'Église et la religion catholique ont été tristement redoutables et toxiques dans ce domaine. En France, et aussi ailleurs, l'Inquisition a embrasé pendant plus d'un siècle les épisodes d'un odieux thriller national dont Jeanne d'Arc, pourtant si souvent récupérée par des catholiques radicalisés, fut l'une des principales victimes, elle qui fut brûlée telle une sorcière. Hérésie, dogme, autodafé, torture, bûcher, supplice, dislocation, brûlure, mutilation, aveu, confession, rétractation, tels sont les mots-clés d'une calamité qui a également touché l'Espagne et le Portugal, avant de franchir les mers, et qui relève d'un état d'esprit qui fait encore aujourd'hui des adeptes. L'Inquisition est un fléau qui ne se contentait pas de toucher les vivants, mais qui cherchait à effacer jusqu'à la mémoire des morts, en démembrant les corps consumés de ceux qu'elle avait martyrisés, en brisant leurs os et en jetant dans un second brasier des morceaux de leurs dépouilles pour que leurs cendres soient dispersées dans les eaux courantes d'une rivière ou d'un fleuve. Ce programme « Nacht und Nebel » avant la lettre nazie soulignait la capacité des inquisiteurs à essayer de radier les conséquences de leurs méfaits de la mémoire humaine. Que les bourreaux aient été des prêtres, des religieux, des nazis, des staliniens, des maoïstes ou des talibans, tous sont arrivés à imposer des dogmes par la terreur et par la persécution, et à inciter des enfants à dénoncer et donc à renier leurs propres parents. Le fanatisme n'a épargné aucune religion. Au temps de l'Inquisition, des catholiques qui se prétendaient chrétiens en sont venus à crucifier leur prochain ! L'Église catholique a préféré canoniser nombre de tortionnaires de l'Inquisition plutôt que de célébrer la mémoire des martyrs qu'elle avait suppliciés avant de les éliminer. Mais les religions n'ont pas le monopole de l'Inquisition. Les victimes de régimes totalitaires communistes en attestent.

Les inquisiteurs ont toujours été des sortes de commissaires politiques, de magistrats honteux. Il est intéressant de rappeler la définition que l'on donnait de l'inquisiteur au *XVIIe* siècle : « Officier d'un tribunal estably contre les Juifs, Les Mores & les Heretiques, pour s'enquerir de ceux qui pechent contre la Foy. » Les juifs et les Arabes étaient déjà ciblés. Les inquisiteurs ont toujours cherché des victimes expiatoires afin de vivre leurs névroses paranoïaques par procuration.

Éric Zemmour fait renaître en moi un cauchemar d'adulte comparable à ceux de ma petite enfance, et qui m'a réveillé dans la sueur et dans l'angoisse. C'était la terrible image de fin d'un meeting politique. Des êtres qui se croyaient humains gesticulaient en brandissant les drapeaux d'un pays qu'ils prétendaient être celui des droits de l'homme, et qui ce soir-là mêlait tristement les trois couleurs dénaturées du blues, de la banquise et du sang versé. Et tous entonnaient : « On est chez nous ! On est chez nous ! », ce chant qui a déjà servi à d'autres partis de l'extrême, ce slogan venu du fond des âges et de la barbarie, parce qu'il crucifie pour l'éternité ce divin enfant que nous célébrons à Noël et qui est le plus célèbre de tous les migrants persécutés, pourchassés, lorsqu'il devient, avec ses parents, lors de la fuite en Égypte, le plus connu de tous les sans-papiers de l'histoire du monde.

Le « on » du « On est chez nous ! » est un pronom indéfini. Il n'est plus un pronom personnel. Il n'a pas la même valeur que « nous ». Il représente tout le monde, en général, mais personne en particulier. Il est anonyme. Il a la portée et la valeur de ces lettres anonymes qui visent à éliminer l'autre après l'avoir dénoncé.

La violence de mon cauchemar m'a fait penser aux autres migrants. À tous ceux des Écritures : Adam et Ève, expulsés du paradis, les Rois mages, les passagers de l'Arche de Noé, premiers réfugiés climatiques, la migration d'Abraham auquel Dieu offrit une terre et une descendance, la migration de Joseph en Égypte, l'Exode, la recherche de la Terre promise, le peuple de Moïse traversant la Mer Rouge, celui de Josué traversant le Jourdain. Jésus le réfugié. Jésus-Christ ressuscité, que ses proches ne reconnaissent pas, et qui se manifeste dans toute sa gloire et sa splendeur en tant qu'immigrant : « J'étais un étranger et vous m'avez recueilli. »

Les prophètes ne cessent de raconter l'espérance, les peurs, les angoisses et la souffrance de peuples en exil. Notre vie passagère n'est rien d'autre qu'un processus migratoire. Nous sommes tous des étrangers et des voyageurs sur Terre. Notre quête, que nous soyons croyants ou que nous ne le soyons pas, n'est qu'une errance, une migration permanente vers l'espoir d'un monde meilleur doté d'une coutume sacrée : celle de l'hospitalité. Tout pèlerin est un migrant par définition. Tout exilé mérite accueil et protection. Les adeptes de la théorie du « grand remplacement » sont ceux de l'échange standard qui consiste à déposer son âme pour la remplacer par du vide.

Nous devons apprendre à repousser les frontières. À assumer notre condition humaine qui fait de nous des chevaliers de l'éphémère, des nomades de l'âme, des migrants de l'espoir, des locataires de passage, des passagers clandestins provisoires. Et nous n'aurons peut-être pas à entonner un autre hymne furtif aussi pesant que l'autre « Honte sur nous ! Honte sur nous ! ». Je rêve d'un drapeau tricolore dont le bleu soit celui de la couleur de l'Europe et de l'ONU, le blanc celui de la couleur de la paix, et le rouge, celui de ce sang que l'on donne, que l'on transfuse, que l'on échange, et qui est beaucoup trop précieux pour être versé.

De l'envie en matière de politique

Par deux fois au moins, le mot « envie » a servi de socle aux deux déclarations majeures de notre président repr判identiable dans l'interview de deux heures donnée le 4 janvier 2022 à un quotidien national : une « envie » d'emmerder les non-vaccinés, formulée dans un langage de charretier, et une « envie » de se présenter à nouveau à l'élection présidentielle, formulée dans un langage d'intellectuel.

Acte I, scène 1 : « C'est une toute petite minorité qui est réfractaire. Celle-là, comment on la réduit ? On la réduit, pardon de le dire, comme ça, en l'emmerdant encore davantage. Moi, je ne suis pas pour emmerder les Français. Je peste toute la journée contre l'administration quand elle les bloque. Eh bien, là, les non-vaccinés, j'ai très envie de les emmerder. Et donc, on va continuer de le faire, jusqu'au bout. C'est ça, la stratégie. Je ne vais pas les mettre en prison, je ne vais pas les vacciner de force. Et donc, il faut leur dire : à partir du 15 janvier, vous ne pourrez plus aller au restau, vous ne pourrez plus prendre un canon, vous ne pourrez plus aller boire un café, vous ne pourrez plus aller au théâtre, vous ne pourrez plus aller au ciné… »

Acte II, scène II : « Il n'y a pas de faux suspenses. J'ai envie. Dès qu'il y aura les conditions sanitaires qui le permettent et que j'aurai clarifié ce sujet, en moi-même et par rapport à l'équation politique, je dirai ce qu'il en est avec la même liberté car je ne veux rien m'interdire. J'ai toujours été libre, c'est ce qui m'a permis de faire (*sic*). »

Selon le dictionnaire, « l'envie » a trois significations : elle est un besoin, un désir plus ou moins violent et non maîtrisé. Elle est aussi le désir de ce qu'un autre possède. Elle est enfin une tache de naissance. Concentrons-nous sur les deux premières significations. Pulsion d'un côté, péché capital et vilain sentiment de l'autre. Le premier sens s'applique à la première déclaration du chef de l'État, et les deux sens à l'aveu du « bientôt, pas encore, en même temps » du présidentiable, qui a toujours eu du mal à partager son règne depuis cinq ans. On est loin de l'enthousiasme, de la dignité et du désintéressement que l'on est en droit d'attendre de candidats à la présidentielle ; pour ceux que nous avons, la chasse est ouverte, celle de l'électeur, une espèce hautement menacée pour cause d'abstentionnite.

Le désir d'emmerder quiconque est toujours inadmissible. S'il est vrai que les antivaccins rassemblent pour une part des talibans du refus dogmatique de la science qui menacent gravement la vie d'autrui, et monopolisent aujourd'hui les salles de réanimation, il rassemble par ailleurs un nombre non négligeable d'anxieux et d'angoissés qui ont à la fois une peur infantile et panique de la piqûre, du vaccin et « du docteur ». L'angoisse ne se résorbe jamais par la force. Elle mérite toujours pédagogie et rassurance.

Le lien de l'envie est, en fin de compte, souvent à connotation impure, qu'il évoque notre besoin fondamental d'uriner ou de déféquer, ou celui de régner sans autre projet que de diviser nos semblables pour assurer et pour prolonger notre empire.

Autoportrait imaginaire d'une candidate ou d'un candidat type à l'élection présidentielle

Je brandis mon ego. Je suis moi. Je n'ai aucun projet de société et, s'il peut arriver que la mouvance politique qui m'héberge en ait un, je ne le mets surtout pas en avant tant il me fragiliserait en première ligne. Les électeurs n'ont pas de temps à perdre. Les programmes les gavent. Ils préfèrent les anathèmes, les petites phrases assassines, le *show* politique, la panoplie des actions « tendance ». Il me faut détruire mes amis pour mieux prétendre en conquérir de nouveaux. Je navigue au doigt mouillé, sous la bruine des sondages. Les vents dominants me portent. Je surfe sur l'air du temps. Je rectifie le tir en temps réel. L'électeur a toujours raison. Il ne faut jamais le contrer. Le plus grand parti de France, c'est celui de l'abstention. Il ouvre un champ formidable en permettant d'être élu à très bon compte.

Depuis le début de la campagne, j'excelle dans l'art de la cassure, du clivage, de la démolition, de la menace, de l'imprécation, de l'anathème, de l'autosatisfaction et de l'incitation à la guerre civile. Je cherche à exploiter le pire au détriment du meilleur dans le cerveau des électeurs. J'excelle dans l'art d'exprimer mon antipathie profonde pour mes prédécesseurs comme pour mes adversaires. Pour ce qui est des électeurs, j'ai tous les talents pour convaincre tant ceux que je cherche à conforter dans la pensée que j'appartiens à leur famille, que ceux que je cherche à dévoyer en leur affirmant que je serai pour eux le guide d'élection que n'a pas su être leur leader historique. L'élection n'est pas une histoire de Bisounours. Elle se joue sur le terrain de la vindicte et de la haine, plus que sur celui de l'amour de l'autre et de l'humanité. Je me garde bien d'émettre le moindre éloge sur les réalisations de mon prédécesseur. Ma stratégie consistera à préconiser le contraire de ce qu'il a fait. Je revendique le fait d'être un candidat prédateur. Je ne cesse d'évoquer les misères passées et présentes des électeurs, leurs problèmes de fin de mois, les nuisances qu'ils endurent au quotidien, pour mieux leur promettre des solutions miracles qui n'engagent que l'instant présent. Rapidement, une cour servile se formera autour de moi, assoiffée par la perspective des miettes du banquet qui précédera mon éventuelle conquête du pouvoir.

Escape game tous azimuts

Nous avons parfois le sentiment de vivre l'ère du grand jeu d'évasion, des grandes démissions, un *escape game* à grande échelle. Après la Seconde Guerre mondiale, la période de barbarie qui s'était abattue sur le monde avait souligné l'importance du bien commun et du service public ; l'État a alors retrouvé ses fonctions régulatrices. La mise en place, en France, d'un État-providence développé s'est concrétisée par la création de la Sécurité sociale en octobre 1945, dans un pays ruiné où tout était pourtant à rebâtir. Sa remise en question après les Trente Glorieuses, sa détérioration à partir des années 1980 avec la dégradation et la privatisation rampante de la santé, de l'éducation et du système de retraites depuis l'an 2000, ont abouti à sa résurrection provisoire lorsque le « quoi qu'il en coûte » est devenu la règle pour pallier les méfaits économiques et sociaux de la pandémie. Mais ce comportement éphémère n'empêchera pas la poursuite du désengagement de l'État, qui n'accomplit plus sa triple mission indispensable : régulation, allocation et redistribution. Son évolution relève de l'évasion et de la désertion.

Évasion de l'État quand il se désengage sous prétexte de céder aux sirènes de l'ultralibéralisme et de la loi de la jungle, quand il déserte son rôle de régulateur sous le prétexte de ne plus vouloir incarner cet État-providence qui savait pourtant si bien protéger les plus faibles et les plus démunis.

Désertion de l'État quand il se défausse de ses missions d'intérêt national sur les collectivités locales ou qu'il livre à la spéculation des pans du service public qui conditionnent pourtant le vivre-ensemble et le maintien de la paix sociale.

Désertion des électeurs qui renoncent à leurs devoirs de citoyens par paresse ou par désespoir, par aigreur ou par rejet, par esprit de démission ou d'irresponsabilité, et qui sont responsables du manque de légitimité des élus lorsqu'ils sont plébiscités par des suffrages dérisoires.

Évasion fiscale et fuite des capitaux de ceux des contribuables qui s'adonnent à un sport national et international avec la bénédiction des pouvoirs publics qui permettent à des privilégiés d'accroître leurs privilèges.

Évasion du travail et de la production de biens indispensables par les délocalisations.

C'est la grande débandade, le grand défaillement, la stratégie de la fuite et du renvoi de la patate chaude.

Nous préférons réformer, reconditionner plutôt que d'inventer et de bâtir, pour ne surtout pas transformer en profondeur, pour échapper à nos devoirs comme à nos responsabilités, déserter les règles de la morale et de l'éthique, en un mot, abdiquer, souvent par lâcheté ou par déni, comme nous le faisons avec la sévérité de la mort, avec le naufrage de la vieillesse, avec la réalité de la condition humaine, en entretenant le mythe prétentieux du transhumanisme. Très souvent, nous procédons par démission ou par diversion afin de ne surtout pas affronter les vrais problèmes. Nous ne cessons de piétiner ou de reculer pour ne surtout pas sauter.

Le « monde d'après » est pourtant propice à l'innovation. Nos modèles sont usés. Certains sont périmés. Il nous faut imaginer la société de demain. Faire rêver les citoyens pour leur redonner envie de voter, de participer, de relever de nouveaux défis. Afficher de vrais projets de société et de civilisation, qui ne se limitent pas à des catalogues touffus d'actions et de mesures opportunistes et désordonnées.

La scandaleuse imposture de la décroissance

Lorsque les écarts entre les plus riches et les plus pauvres vont croissant en France comme partout dans le monde, la notion de décroissance relève de l'obscénité. Seuls les nantis peuvent décroître. Les autres sont au fond de la piscine où ils boivent la tasse quand ils ne se noient pas, à chaque fin de mois. Tous les « inuitisés » du monde, tous ceux qui, dans le meilleur des cas, sont sous perfusion ou sous assistance respiratoire, ne peuvent rêver que de mieux être en « ayant » un peu plus. Toute forme de vie décroissante est condamnée à plus ou moins long terme. Le problème n'est pas de décroître mais de croître mieux, et d'opter pour une croissance qui ne soit pas le fruit ingrat du refus du partage et du grand gaspillage. Appliquée de façon dogmatique, la décroissance en reviendrait à tarir les ressources financières, à ralentir les avancées technologiques, à freiner les innovations énergétiques, à compromettre les recherches sur la sécurisation de la filière nucléaire, à ralentir celles sur les solutions alternatives aux ressources fossiles, à conduire à la baisse du revenu par habitants et, par voie de conséquence, au chaos social. En période de vieillissement de la population, la France dépense quatre cent cinquante milliards d'euros par an de prestations sociales. Seule une société non frugale mais tournée vers la génération de profits peut les assumer. Le progrès de l'humanité s'est toujours construit autour de la science et de la croissance.

De 1849 à nos jours : quelques projets de société

Un véritable programme ne se limite pas à une énumération de sujets, à des rafales d'exhortations ou à l'évocation de problèmes de société. Tous ces éléments ne devraient être que les résultantes, les composants d'un projet stratégique global en bonne et due forme.

En France, le XIXe et le XXe siècle ont été marqués par de vrais projets de société et de civilisation, pour le meilleur et parfois pour le pire. *Mein Kampf* était malheureusement un véritable projet de société : un projet toxique et maléfique, qui aura plongé le monde en général et la France en particulier dans la barbarie absolue, dans quatre années d'un cauchemar approuvé, et même anticipé par le gouvernement de Vichy et par le maréchal Pétain, et qui a débouché sur la Shoah.

Hitler s'est transformé en imprécateur pour soutenir son projet. Il ne se contentait pas de désigner des boucs émissaires. Il les éliminait. Certains imprécateurs d'aujourd'hui jouent avec le feu : ils déclenchent des réformes et des actions sans âme, parce que sans véritable plan de vol, au coup par coup, sans aucun souffle, sans aucune stratégie globale. Ils détruisent ce qui les a précédés sans être capables de bâtir ou de rénover en profondeur. Pourtant, les beaux exemples de projets et de programmes qui ont transcendé positivement le siècle de Victor Hugo et celui de Charles de Gaulle ne manquent pas. Il faut nous les remettre en mémoire si nous voulons ne pas désespérer du vide sidéral qui caractérise trop souvent aujourd'hui l'absence de vrais projets dans l'aréopage pléthorique des candidats à la magistrature suprême.

1849 : le beau souffle européen de Victor Hugo

« Je donne tous mes manuscrits et tout ce qui sera trouvé écrit ou dessiné par moi à la Bibliothèque nationale de Paris qui sera un jour la Bibliothèque des États-Unis d'Europe. » Cet extrait du codicille rajouté à son testament de 1875 en 1881 donne une idée du caractère visionnaire de Victor Hugo qui, dès 1849, était capable de préfigurer l'Europe que nous espérons toujours en gestation à l'aube du troisième millénaire : une Europe qui ne soit pas seulement ce que certains dénoncent lorsqu'ils évoquent « l'Europe du fric » ou celle de la technocratie. L'idée des États-Unis d'Europe est née au congrès de la paix de 1849 après les grandes secousses de 1848 : sous la présidence de Victor Hugo, six cents Anglais, soixante Américains, des Hollandais, des Belges et des Français vont pendant trois jours débattre des moyens de créer une union entre les principales nations occidentales. Son ordre du jour constitue les bases d'un véritable projet, d'un programme de société et de civilisation pour les pays qu'il fédère : la solution par voix d'arbitrage des différends entre les nations, la convocation d'un Congrès des nations chargé de rédiger un code des rapports internationaux, le projet d'un désarmement général progressif et simultané, l'éradication des facteurs de la guerre par une série de mesures politiques et économiques, le développement des voies de communication, l'extension et la généralisation de la réforme postale, la réduction des dépenses publiques, le renforcement de l'éducation morale et de l'instruction, la mise en accord de l'éducation publique avec les besoins publics, l'uniformité des monnaies…

Même si la pensée de Victor Hugo n'a pas été sans ambiguïté lorsqu'il évoquait les problèmes de la colonisation, qui a toujours prétendu pacifier par l'usage des armes, tous ses combats pour l'abolition de la peine de mort, pour l'égalité femmes-hommes, pour le droit des enfants à la protection et à l'instruction, pour l'enseignement obligatoire, gratuit et laïc, pour le droit au travail, pour l'éradication de la misère, pour le droit d'asile, pour le droit des peuples à disposer d'eux-mêmes, pour la République universelle et ses valeurs liberté, égalité, fraternité, toutes ces causes, tous ces axes sous-tendaient aussi bien la République qui serait menacée, puis provisoirement interrompue par Napoléon III, que le projet de ces États-Unis d'Europe dont il prévoyait la naissance avec un siècle d'avance.

Messieurs, si quelqu'un, il y a quatre siècles, à l'époque où la guerre existait de commune à commune, de ville à ville, de province à province, si quelqu'un eût dit à la Lorraine, à la Picardie, à la Normandie, à la Bretagne, à l'Auvergne, à la Provence, au Dauphiné, à la Bourgogne : un jour viendra où vous ne vous ferez plus la guerre, un jour viendra où vous ne lèverez plus d'hommes d'armes les uns contre les autres, un jour viendra où l'on ne dira plus : les Normands ont attaqué les Picards, les Lorrains ont repoussé les Bourguignons. Vous aurez bien encore des différends à régler, des intérêts à débattre, des contestations à résoudre, mais savez-vous ce que vous mettrez à la place des hommes d'armes ? Savez-vous ce que vous mettrez à la place des gens de pied et de cheval, des canons, des fauconneaux, des lances, des piques, des épées ? Vous mettrez une petite boîte de sapin que vous appellerez l'urne du scrutin, et de cette boîte il sortira, quoi ? Une assemblée en laquelle vous vous sentirez tous vivre, une assemblée qui sera comme votre âme à tous, un concile souverain et populaire qui décidera, qui jugera, qui résoudra tout en loi, qui fera tomber le glaive de toutes les mains et surgir la justice dans tous les cœurs, qui dira à chacun : là finit ton droit, ici commence ton devoir. Bas les armes ! Vivez en paix !

Et ce jour-là, vous vous sentirez une pensée commune, des intérêts communs, une destinée commune ; vous vous embrasserez, vous vous reconnaîtrez fils du même sang et de la même race ; ce jour-là, vous ne serez plus des peuplades ennemies, vous serez un peuple ; vous ne serez plus la Bourgogne, la Normandie, la Bretagne, la Provence, vous serez la France. Vous ne vous appellerez plus la guerre, vous vous appellerez la civilisation !

Si quelqu'un eût dit cela à cette époque, messieurs, tous les hommes positifs, tous les gens sérieux, tous les grands politiques d'alors se fussent écriés : « Oh ! Le songeur ! Oh ! Le rêve-creux ! Comme cet homme connaît peu l'humanité ! Que voilà une étrange folie et une absurde chimère ! » Messieurs, le temps a marché, et cette chimère, c'est la réalité.

Et, j'insiste sur ceci, l'homme qui eût fait cette prophétie sublime eût été déclaré fou par les sages, pour avoir entrevu les desseins de Dieu !

Eh bien ! Vous dites aujourd'hui, et je suis de ceux qui disent avec vous, tous, nous qui sommes ici, nous disons à la France, à l'Angleterre, à la Prusse, à l'Autriche, à l'Espagne, à l'Italie, à la Russie, nous leur disons : un jour viendra où les armes vous tomberont des mains, à vous aussi ! Un jour viendra où la guerre paraîtra aussi absurde et sera aussi impossible entre Paris et Londres, entre Pétersbourg et Berlin, entre Vienne et Turin, qu'elle serait impossible et qu'elle paraîtrait absurde aujourd'hui entre Rouen et Amiens, entre Boston et Philadelphie. Un jour viendra où la France, vous Russie, vous Italie, vous Angleterre, vous Allemagne, vous toutes, nations du continent, sans perdre vos qualités distinctes et votre glorieuse individualité, vous vous fondrez étroitement dans une unité supérieure, et vous constituerez la fraternité européenne, absolument comme la Normandie, la Bretagne, la Bourgogne, la Lorraine, l'Alsace, toutes nos provinces, se sont fondues dans la France. Un jour viendra où il n'y aura plus d'autres champs de bataille que les marchés s'ouvrant au commerce et les esprits s'ouvrant aux idées. Un jour viendra où les boulets et les bombes seront remplacés par les votes, par le suffrage universel des peuples, par le vénérable arbitrage d'un grand Sénat souverain qui sera à l'Europe ce que le Parlement est à l'Angleterre, ce que la Diète est à l'Allemagne, ce que l'Assemblée législative est à la France !

Un jour viendra où l'on montrera un canon dans les musées comme on y montre aujourd'hui un instrument de torture, en s'étonnant que cela ait pu être ! (Rires et bravos) Un jour viendra où l'on verra ces deux groupes immenses, les États-Unis d'Amérique, les États-Unis d'Europe (applaudissements), placés en face l'un de l'autre, se tendant la main par-dessus les mers, échangeant leurs produits, leur commerce, leur industrie, leurs arts, leurs génies, défrichant le globe, colonisant les déserts, améliorant la création sous le regard du Créateur, et combinant ensemble, pour en tirer le bien-être de tous, ces deux forces infinies, la fraternité des hommes et la puissance de Dieu !

Et ce jour-là, il ne faudra pas quatre cents ans pour l'amener, car nous vivons dans un temps rapide, nous vivons dans le courant d'événements et d'idées le plus impétueux qui ait encore entraîné les peuples, et, à l'époque où nous sommes, une année fait parfois l'ouvrage d'un siècle.

Et Français, Anglais, Belges, Allemands, Russes, Slaves, Européens, Américains, qu'avons-nous à faire pour arriver le plus tôt possible à ce grand jour ? Nous aimer.

Nous aimer ! Dans cette œuvre immense de la pacification, c'est la meilleure manière d'aider Dieu !

Car Dieu le veut, ce but sublime ! Et voyez, pour y atteindre, ce qu'il fait de toutes parts ! Voyez que de découvertes il fait sortir du génie humain qui, toutes, vont à ce but, la paix ! Que de progrès, que de simplifications ! Comme la nature se laisse de plus en plus dompter par l'homme ! Comme la matière devient de plus en plus l'esclave de l'intelligence et la servante de la civilisation ! Comme les causes de guerre s'évanouissent avec les causes de souffrance ! Comme les peuples lointains se touchent ! Comme les distances se rapprochent ! Et le rapprochement, c'est le commencement de la fraternité !

Grâce aux chemins de fer, l'Europe bientôt ne sera pas plus grande que ne l'était la France au Moyen Âge ! Grâce aux navires à vapeur, on traverse aujourd'hui l'océan plus aisément qu'on ne traversait autrefois la Méditerranée ! Avant peu, l'homme parcourra la Terre comme les dieux d'Homère parcouraient le ciel, en trois pas. Encore quelques années, et le fil électrique de la concorde entourera le globe et étreindra le monde.

Ici, messieurs, quand j'approfondis ce vaste ensemble, ce vaste concours d'efforts et d'événements, tous marqués du doigt de Dieu ; quand je songe à ce but magnifique, le bien-être des hommes, la paix : quand je considère ce que la Providence fait pour et ce que la politique fait contre, une réflexion douloureuse s'offre à mon esprit.

Il résulte des statistiques et des budgets comparés que les nations européennes dépensent tous les ans, pour l'entretien de leurs armées, une somme qui n'est pas moindre de deux milliards, et qui, si l'on y ajoute l'entretien du matériel des établissements de guerre, s'élève à trois milliards. Ajoutez-y encore le produit perdu des journées de travail de plus de deux millions d'hommes, les plus sains, les plus vigoureux, les plus jeunes, l'élite des populations, produit que vous ne pouvez pas évaluer à moins d'un milliard, et vous arrivez à ceci que les armées permanentes coûtent annuellement à l'Europe quatre milliards. Messieurs, la paix vient de durer trente-deux ans, et en trente-deux ans la somme monstrueuse de cent vingt-huit milliards a été dépensée pendant la paix pour la guerre !

Supposez que les peuples d'Europe, au lieu de se défier les uns des autres, de se jalouser, de se haïr, se fussent aimés : supposez qu'ils se fussent dit qu'avant même d'être Français, ou Anglais, ou Allemand, on est homme, et que, si les nations sont des patries, l'humanité est une famille ; et maintenant, cette somme de cent vingt-huit milliards, si follement et si vainement dépensée par la défiance, faites-la dépenser par la confiance ! Ces cent vingt-huit milliards donnés à la haine, donnez-les à l'harmonie ! Ces cent vingt-huit milliards donnés à la guerre, donnez-les à la paix !

Donnez-les au travail, à l'intelligence, à l'industrie, au commerce, à la navigation, à l'agriculture, aux sciences, aux arts, et représentez-vous le résultat. Si, depuis trente-deux ans, cette gigantesque somme de cent vingt-huit milliards avait été dépensée de cette façon, l'Amérique, de son côté, aidant l'Europe, savez-vous ce qui serait arrivé ? La face du monde serait changée ! Les isthmes seraient coupés, les fleuves creusés, les montagnes percées, les chemins de fer couvriraient les deux continents, la marine marchande du globe aurait centuplé, et il n'y aurait plus nulle part ni landes, ni jachères, ni marais ; on bâtirait des villes là où il n'y a encore que des écueils ; l'Asie serait rendue à la civilisation, l'Afrique serait rendue à l'homme ; la richesse jaillirait de toutes parts de toutes les veines du globe sous le travail de tous les hommes, et la misère s'évanouirait ! Et savez-vous ce qui s'évanouirait avec la misère ? Les révolutions. (Bravos prolongés) Oui, la face du monde serait changée ! Au lieu de se déchirer entre soi, on se répandrait pacifiquement sur l'univers ! Au lieu de faire des révolutions, on ferait des colonies ! Au lieu d'apporter la barbarie à la civilisation, on apporterait la civilisation à la barbarie !

Voyez, messieurs, dans quel aveuglement la préoccupation de la guerre jette les nations et les gouvernants : si les cent vingt-huit milliards, qui ont été donnés par l'Europe depuis trente-deux ans à la guerre qui n'existait pas, avaient été donnés à la paix qui existait, disons-le, et disons-le bien haut, on n'aurait rien vu en Europe de ce qu'on y voit en ce moment ; le continent, au lieu d'être un champ de bataille, serait un atelier et, au lieu de ce spectacle douloureux et terrible, le Piémont abattu, Rome, la ville éternelle, livrée aux oscillations misérables de la politique humaine, la Hongrie et Venise qui se débattent héroïquement, la France inquiète, appauvrie et sombre ; la misère, le deuil, la guerre civile, l'obscurité sur l'avenir ; au lieu de ce spectacle sinistre, nous aurions sous les yeux l'espérance, la joie, la bienveillance, l'effort de tous vers le bien-être commun, et nous verrions partout se dégager de la civilisation en travail le majestueux rayonnement de la concorde universelle.

Chose digne de méditation ! Ce sont nos précautions contre la guerre qui ont amené les révolutions ! On a tout fait, on a tout dépensé contre le péril imaginaire ! On a aggravé ainsi la misère, qui était le péril réel ! On s'est fortifié contre un danger chimérique ; on a vu les guerres qui ne venaient pas, et l'on n'a pas vu les révolutions qui arrivaient.

Messieurs, ne désespérons pas pourtant. Au contraire, espérons plus que jamais ! Ne nous laissons pas effrayer par des commotions momentanées, secousses nécessaires peut-être des grands enfantements. Ne soyons pas injustes pour les temps où nous vivons, ne voyons pas notre époque autrement qu'elle n'est. C'est une prodigieuse et admirable époque après tout, et le dix-neuvième siècle sera, disons-le hautement, la plus grange page de l'histoire. Comme je vous le rappelais tout à l'heure, tous les progrès s'y révèlent et s'y manifestent à la fois, les uns amenant les autres : chute des animosités internationales, effacement des frontières sur la carte et des préjugés dans les cœurs, tendance à l'unité, adoucissement des mœurs, élévation du niveau de l'enseignement et abaissement du niveau des pénalités, domination des langues les plus littéraires, c'est-à-dire les plus humaines ; tout se meut en même temps, économie politique, science, industrie, philosophie, législation, et converge au même but, la création du bien-être et de la bienveillance, c'est-à-dire, et c'est là pour ma part le but auquel je tendrai toujours, extinction de la misère au dedans, extinction de la guerre au dehors.

Oui, je le dis en terminant, l'ère des révolutions se ferme, l'ère des améliorations commence. Le perfectionnement des peuples quitte la forme violente pour prendre la forme paisible ; le temps est venu où la Providence va substituer à l'action désordonnée des agitateurs l'action religieuse et calme des pacificateurs.

Désormais, le but de la politique grande, de la politique vraie, le voici : faire reconnaître toutes les nationalités, restaurer l'unité historique des peuples et rallier cette unité à la civilisation par la paix, élargir sans cesse le groupe civilisé, donner le bon exemple aux peuples encore barbares, substituer les arbitrages aux batailles ; enfin, et ceci résume tout, faire prononcer par la justice le dernier mot que l'ancien monde faisait prononcer par la force.

Messieurs, je le dis en terminant, et que cette pensée nous encourage, ce n'est pas d'aujourd'hui que le genre humain est en marche dans cette voie providentielle. Dans notre vieille Europe, l'Angleterre a fait le premier pas, et par son exemple séculaire elle a dit aux peuples : vous êtes libres. La France a fait le second pas, et elle a dit aux peuples : vous êtes souverains. Maintenant, faisons le troisième pas, et tous ensemble, France, Angleterre, Belgique, Allemagne, Italie, Europe, Amérique, disons aux peuples : vous êtes frères !

Victor Hugo, discours au Congrès des amis de la paix universelle, 21 août 1849

1871 : le souffle précurseur de la Commune

Parmi les drames qu'a traversés la France, et qui ont laissé des blessures qui ne cicatriseront jamais, à l'exemple de la guerre d'Espagne ou de la guerre d'Algérie, la Commune figure en bonne place et rappelle le caractère tragique et redoutable des guerres civiles qui sont toujours des guerres fratricides. Il n'en demeure pas moins que cette période troublée de notre histoire a eu le temps de mettre en œuvre, dans l'improvisation et en l'espace de quelques mois, un formidable projet de société qui avait des décennies d'avance sur d'autres projets mis en place au XXe siècle.

Les réalisations de la Commune peuvent être réparties entre les mesures d'urgence et les autres.

Mesures d'urgence

- Échelonnement des dettes et des échéances.
- Versement d'une pension aux blessés, aux veuves et aux orphelins des gardes nationaux tués au combat.
- Réquisition des logements vacants au profit des sinistrés des bombardements allemands et versaillais.
- Création d'orphelinats.

Mesures fondamentales

- Mise en œuvre d'une démocratie directe reposant sur une citoyenneté active, renouant avec l'esprit de la Constitution de 1793 qui fait du droit à l'insurrection « le plus sacré des droits et le plus imprescriptible des devoirs ».
- Affirmation de la liberté de la presse.

- Ouverture de la citoyenneté aux étrangers : « Considérant que le drapeau de la Commune est celui de la République universelle ; considérant que toute cité a le droit de donner le titre de citoyen aux étrangers qui la servent… »
- Élection de l'encadrement par les salariés.
- Remplacement des « bureaux de placement de la main-d'œuvre », entreprises privées très florissantes sous l'Empire, ayant monopole et agissant bien souvent comme des « négriers », par des « bureaux municipaux ».
- Pour lutter contre le sous-salariat dans les appels d'offres concernant les marchés publics, création d'un cahier des charges avec indication du salaire minimum.
- Mise en place des prémices de l'autogestion dans l'entreprise.
- Exigence du droit au travail et de l'égalité des salaires pour les femmes.
- Interdiction de la prostitution.
- Séparation des Églises et de l'État dans les écoles et les hôpitaux.
- Élection au suffrage universel des fonctionnaires.
- Instauration d'un traitement maximum et interdiction des cumuls pour les fonctionnaires.
- Gratuité des actes notariaux.
- Interdiction des perquisitions et des réquisitions sans mandat.

- Inscription du motif de l'arrestation sur les registres d'écrou.
- Création d'une inspection des prisons.
- Uniformisation de la formation primaire et professionnelle.
- Laïcisation de l'enseignement.
- Instauration de l'école gratuite dans certains arrondissements de Paris.
- Rémunération de 1 500 francs annuels pour les aides-instituteurs et de 2 000 francs pour les directeurs, avec égalité de traitement entre hommes et femmes.
- Séparation de l'Église (catholique) et de l'État. Suppression du budget des cultes et sécularisation des biens des congrégations religieuses.
- Remise en question des « affreux cubes de pierre où sont entassés les êtres humains dans une affreuse promiscuité ».

1924-1925 : *Mein Kampf* ou l'apocalypse selon Adolf Hitler

Dans *Mein Kampf*, qu'il avait commencé à rédiger en 1924, Adolf Hitler annonçait en juillet 1925 et en décembre 1926 l'apocalypse dans un véritable et terrible programme de société et de civilisation. En réalité, le « Führer » avait ébauché les prolégomènes de sa « solution finale » dès 1922, vingt ans avant de la mettre en œuvre, dans une interview accordée à Josef Hell, ancien Poilu de 1914 devenu journaliste. Alors que ce dernier avait demandé à Hitler : « Que ferez-vous des juifs quand vous aurez les pleins pouvoirs ? » Hitler, qui s'était exprimé jusque-là calmement, avec des mots mesurés, avait semblé se transfigurer : « Ses yeux m'abandonnèrent et semblèrent se fixer dans un espace imaginaire. La déferlante de ses arguments le fit sombrer dans une sorte de harangue paroxystique jusqu'au point de hurler comme s'il s'adressait à des millions de spectateurs », avait noté Hell, qui avait ensuite transcrit mot pour mot la réponse du futur dictateur : « Lorsque je serai réellement au pouvoir, ma toute première tâche consistera à annihiler les juifs. Dès que j'aurai la possibilité de le faire, je ferai construire – à la Marienplatz de Munich, par exemple – autant de rangées de potences que la circulation le permettra. Puis les juifs seront pendus sans discrimination et ils resteront pendus jusqu'à ce qu'ils puent. Ils resteront pendus tant que les principes d'hygiène le permettront. Dès qu'on les aura détachés, ce sera au tour de la prochaine fournée et ainsi de suite jusqu'à ce que le dernier juif de Munich ait été exterminé. On agira séparément de même dans d'autres villes jusqu'à ce que l'Allemagne ait été complètement nettoyée des juifs. » (*Aufzeichnung*, 1922)

C'était bien avant que Josef Hell ne collabore avec *Der gerade Weg*, « Le Droit Chemin », un journal de Munich qui mettrait en garde l'opinion publique contre la montée du nazisme. Dans ce journal, qui sera créé par Fritz Gerlich en 1930 pour devenir un outil de lutte contre le nazisme et le communisme, Gerlich écrira dans l'édition du 31 juillet 1932 : « Voici ce que signifie le national-socialisme : le mensonge, la haine, le meurtre et une misère sans limites. »

Albert Fritz Gerlich sera assassiné à Dachau deux ans plus tard, pendant la Nuit des longs couteaux.

La même année, toujours en 1932, l'écrivain André Suarès, qui n'avait pas cessé de signer des articles pamphlétaires contre Hitler, Mussolini et Staline, tout en ayant eu le plus grand mal à les publier, a fini par les réunir dans un recueil intitulé *Vues sur l'Europe*, dont la parution a été censurée par Grasset en 1936 et décalée à… 1939 ! Grasset craignait, comme beaucoup de Français influents entre les deux guerres, de « nuire aux bonnes relations commerciales entre la France et l'Allemagne ». Il est dommage que personne n'ait écouté la prophétie de Suarès : « L'Antéchrist doit être allemand : ne l'est-il pas déjà ? Nietzsche l'appelle ; la Bête répond. L'Antéchrist est là, et toutes les marques de la bête sont visibles : il ment comme il respire : à la croix sans gibets, qui ouvre l'amour et la paix et l'oubli de soi aux quatre horizons, il oppose sa croix aux quatre potences de crime, de guerre, de haine et d'orgueil. Hitler, Goering, Goebbels et les autres formes de la Bête sont prédites ; leur peuple idolâtre est prédit ; les Alliés sont prédits […]. Ils sont prêts, tous ensemble, à lâcher sur le genre humain toutes les misères et toutes les pestes dont ils ont fait l'essai en 1914 : le fer qui tombe du ciel ; l'asphyxie, les gaz, les poisons, les plaies d'Égypte, le massacre des femmes, des vieillards, des malades et des enfants à la mamelle. Tout y est : et jusqu'au moment où l'Antéchrist se révélera par sa fureur, il se voile d'astuce, de miel et de mensonge : il fait le bon apôtre, il offre la paix, il pleure de tendresse, il aime sa proie, tant il en sent déjà le goût entre ses dents, rêvant qu'il la dévore. Et de toutes parts, ceux mêmes qu'il doit dévorer l'admirent, le croient et lui font cortège. Car c'est la loi : il n'y a pas d'Antéchrist sans l'aide servile des fidèles ; et les imbéciles passent en complaisance les fanatiques mêmes : les imbéciles sont toujours lâches et très bas. Voyez un peu nos quarts d'académiciens qui ont quitté Paris, pour tomber à Nuremberg en extase. »

Pourchassé par la Milice et la Gestapo, Suarès a payé cher sa clairvoyance : dans la France occupée, il a passé cinq années caché dans la Creuse, puis dans le Midi de la France, et enfin au Nord-Ouest de Lyon.

Avant comme après la publication de *Mein Kampf*, Hitler n'avait jamais cessé de justifier le génocide des Polonais en général et des juifs en particulier. Ainsi, le 22 août 1939, dans un discours adressé à ses généraux : « Notre force tient à notre rapidité et à notre brutalité. L'objectif de la guerre ne sera pas d'atteindre une ligne donnée, mais d'anéantir physiquement l'adversaire. C'est pourquoi j'ai disposé – pour l'instant seulement à l'Est – mes unités à tête de mort ;

elles ont reçu l'ordre de mettre à mort sans merci et sans pitié, beaucoup d'hommes, de femmes et d'enfants d'ascendance et de langue polonaises. C'est la seule manière pour nous de conquérir l'espace vital dont nous aurons besoin. »

Mein Kampf est un « livre programme », qui est devenu la Bible du nazisme. Adolf Hitler a été endurci par des années de misère qui lui ont permis de lire et de se cultiver. Autodidacte, il est devenu antimarxiste et antisémite. Sa haine s'est formée au travail, quand il était ouvrier du bâtiment, puis dans la rue et enfin dans les tranchées de la Grande Guerre. Il a fini par voir des juifs partout : commerçants, politiciens, « planqués » qui n'ont pas rejoint le front, gouvernants. Son racisme et sa haine de l'étranger ont fini par atteindre un paroxysme. Son éloquence et son charisme lui ont permis de fanatiser les foules.

Tout le projet exposé dans *Mein Kampf* repose sur une sorte de dogme : il existerait un type supérieur d'humanité et de civilisation fondé par « l'Aryen ». De très petites tribus aryennes auraient conquis autrefois les peuples inférieurs, les auraient soumis au travail manuel et subalterne pour développer leurs propres capacités intellectuelles. La colonisation serait indispensable aux « races supérieures » et, avec elle, le bétail humain mobilisé au profit des pays nantis et instrumentalisé au profit du « progrès de la civilisation ». Le maintien de la pureté de la race est une condition essentielle à la prévalence des individus les plus sains. Il faut éliminer les faibles, les handicapés, les dépendants et les malades.

Le juif est responsable de tous les maux : il est l'antithèse de l'Aryen. *Mein Kampf* repose sur le mythe du complotisme et du bouc émissaire. Les juifs contrôlent tout : la production, la bourse, la presse, la nation. Le capitalisme, c'est eux ; l'anticapitalisme, c'est encore eux ! Le juif apparaît comme la seule et unique cause du déclin allemand. La démocratie est l'autre cible d'Hitler. À ses yeux, elle donne le pouvoir à des hommes lâches. Dans *Mein Kampf*, il compare le peuple démocratique à la femme, qui n'obéit pas à la raison parce qu'elle a besoin d'être soumise à la force. Les masses sont pour lui foncièrement stupides : mais le pire est le parlementarisme. Il éprouve un mépris total pour « la masse » et pour ceux qui sont les représentants du peuple. Il convient de citer ici un bref passage de *Mein Kampf*, « zemmourien » à souhait, et qui donne une idée de l'éloquence et de la violence des discours d'Adolf Hitler : « Vu la bêtise aussi dure que le granit de notre humanité, il n'y a pas à s'étonner du résultat. Sous la conduite de la presse, ébloui par le nouveau et séduisant programme, le bétail à voter "bourgeois", aussi bien que le prolétarien, revient à l'étable commune et élit de nouveau celui qui l'a trompé. Ainsi, le candidat des classes laborieuses redevient la chenille parlementaire. Il continue à manger sur la branche de la vie publique, y devient gros et gras et, quatre ans après, se transforme de nouveau en un brillant papillon. »

1943 : l'écologie globale selon Antoine de Saint-Exupéry

L'écologie a été importée en France en 1870 : le mot était apparu pour la première fois sous la plume du biologiste allemand Ernst Haeckel, en 1866. Le concept ne portait pas toujours son nom actuel. Il avait été forgé en Prusse. L'écologie, c'était à l'époque « la science des conditions d'existence ». Elle ne se limitait pas, comme trop souvent aujourd'hui, à la préservation de la faune et de la flore. Elle englobait toutes les activités humaines, dans un environnement qui n'était pas seulement décrit comme « naturel », mais également et majoritairement « artificiel », puisque nous nous le sommes construit de toutes pièces au fil des millénaires.

Antoine de Saint-Exupéry se situe dans ce contexte, par rapport aux concepts importés de Prusse par les géographes de l'École des annales de géographie, tels que Vidal de la Blache. Du fond des années 1930 et 1940, parce qu'il avait habité les mégalopoles nord et sud-américaines, parce qu'il avait vécu en gratte-ciel, parce qu'il voyait la Terre depuis le ciel, avec recul, il nous décrit les poisons qui nous menacent à l'aube du troisième millénaire, ceux qu'il ne connaîtra pas, et il nous en livre les antidotes. Dans l'œuvre de Saint-Exupéry en général et dans son *Petit Prince* en particulier, il y a une écologie de la ville, une écologie du temps, une écologie de l'argent, une écologie des rapports sociaux, une écologie de l'homme, une écologie de l'enfance, une écologie des croyances et des religions, une écologie politique, une écologie de la pensée, une écologie de l'éthique, une écologie de l'âme, une écologie des migrations. Antoine de Saint-Exupéry est un précurseur du développement durable. Il ne cesse de s'opposer à l'amnésie et aux visions à court terme.

L'écologie « globale » détermine aujourd'hui les conditions de notre survie et rend l'écologie humaine encore plus urgente que l'écologie verte, ne serait-ce que parce que la première conditionne la seconde : gérer notre urbanisme, savoir vivre ensemble, consommer différemment, apprendre à durer pour transmettre l'héritage que nous avons reçu, échapper à notre narcissisme instinctif qui compromet le développement de l'humanité : tels sont les défis que nous devons relever en suivant les conseils de Saint-Exupéry, à travers les réflexions de son Petit Prince et les pensées de *Citadelle*, son testament spirituel publié à titre posthume.

Pour une écologie de l'Univers et des étoiles

Le b.a.-ba de la posture écologique, c'est d'abord de remettre et de resituer l'homme à sa juste place et à sa juste échelle, au cœur de son environnement et de l'univers qui l'entoure. Chacun d'entre nous n'est que l'un des cent huit milliards d'hommes nés et morts sur la terre depuis les origines de l'humanité, soit quatre millions d'années avant Jésus-Christ. Ce qui n'est rien par comparaison avec les deux cents milliards d'étoiles qui composent la Voie lactée, qui n'est elle-même que l'une des cent milliards de galaxies qui composent notre Univers. Depuis soixante secondes, deux cent soixante-sept bébés viennent de naître de par le monde, cent seize êtres humains viennent de mourir. Alors que l'image de la Lune, si proche de nous, met un peu plus d'une seconde à nous parvenir, sachant que la distance qui nous en sépare correspond à quarante fois le tour de la Terre, l'étoile la plus lointaine de la Terre jamais observée par l'homme est une supergéante bleue située à 9,3 milliards d'années-lumière de la Terre, sachant qu'une seule année-lumière est égale à une distance de 9 461 milliards de kilomètres. À part les rares étoiles qui explosent, il faut des dizaines de millions d'années pour voir une étoile « mourir ». Donc, presque toutes les étoiles que nous apercevons sont encore bien « vivantes ». Une étoile morte reste visible après sa « mort » pendant un temps égal à sa distance en années-lumière, soit de quatre ans pour la plus proche, à deux mille ans pour la plus éloignée des étoiles visibles à l'œil nu. Or, ces durées ne sont rien devant la durée de vie des étoiles, qui va de plusieurs centaines de millions à plusieurs dizaines de milliards d'années, et les étoiles visibles à l'œil nu sont très peu nombreuses (mille environ). La planète B612, celle du Petit Prince, est comme la Terre : un point microscopique dans l'immensité de l'Univers.

Il nous faut prendre conscience de nous-mêmes et de l'Univers. Il nous faut, dans la nuit, lancer des passerelles.

Terre des hommes

Toutes les richesses du monde logeaient dans un grain de poussière égaré parmi les constellations.

Terre des hommes

Les étoiles mesurent pour nous les vraies distances.

Courrier sud

On cherche sa vérité dans les étoiles.

Terre des hommes

Quand tu regarderas le ciel, la nuit, puisque j'habiterai dans l'une d'elles, puisque je rirai dans l'une d'elles, alors ce sera pour toi comme si riaient toutes les étoiles. Tu auras, toi, des étoiles qui savent rire !

Le Petit Prince

> Il lui fallait construire sa propre passerelle sur l'abîme, rejoindre l'autre part de soi à travers l'espace et le temps.
>
> *Citadelle*

Pour une écologie de la Terre, de sa faune, de sa flore et de ses éléments

Le Petit Prince est tout sauf un conte mièvre pour enfant ; d'emblée, dès le voyage initiatique du petit enfant blond qui ouvre le bal des étoiles, Antoine de Saint-Exupéry remet la Terre à sa place.

Bien sûr, il vient de l'astéroïde B612. Bien sûr, il visite six planètes avant de la rejoindre. Mais avec ses rois, ses géographes, ses vaniteux, ses *businessmen*, ses ivrognes, ses allumeurs de réverbères, ses milliards d'enfants et de grandes personnes, la Terre est la vitrine de toutes ces planètes. Avec les cratères de ses volcans et les tentacules de ses baobabs, les moutons de ses prairies, de ses vagues et de ses nuages, avec ses serpents, ses roses et ses renards, la Terre apaisée porte ses montagnes et ses plaines, ses rivières et ses glaciers, ses villes et ses villages, ses fermes endormies et ses troupeaux, ses collines et ses haies, ses chemins creux et ses coins de verdure, ses forêts tranquilles, blotties dans leurs écrins de brumes et de nuages, et ses jardins, ses déserts et ses glaciers, et ses mers avec leurs franges d'émeraude. C'est parce que sa surface est couverte d'eau à 70 % que la Terre a été baptisée « la planète bleue ». Elle est notre héritage. Nous en sommes les locataires.

Nous sommes nés dans la forêt. Mille ans avant Jésus-Christ, la France était recouverte d'une forêt de quarante millions d'hectares qui n'épargnait que ses zones de marécages, certaines zones côtières et de hautes montagnes. En l'an 1000, nous étions huit millions d'habitants et nous vivions encore dans un pays recouvert de forêts sur 60 % de son territoire. Et puis, nos champs et nos cultures sont venus concurrencer nos arbres avant même l'asphalte de nos villes. En 1914, les forêts de France occupaient dix millions d'hectares. Elles ont gagné du terrain et couvrent aujourd'hui plus du quart du pays. Deux fois plus qu'en 1827 ! Nos forêts survivent malgré nos villes et soixante-sept millions d'habitants convoitent leurs champignons ! Ainsi va notre Terre, dont le destin dépend de la poussière vivante qui nous résume : nous sommes à présent 7,7 milliards de bipèdes sur Terre et sept cent millions parmi nous vivent sur les pentes d'un volcan non éteint.

Nous n'avons pas la possibilité, comme le Petit Prince sur sa planète B612, de ramoner les volcans et de désherber les bébés baobabs à leur naissance. Il n'y a pas d'équilibre naturel favorable ou défavorable à notre espèce. La loi de notre jungle est à la fois celle du meilleur et du pire, de l'harmonie et du chaos. Notre nature est à la fois douce et violente. Le vent, le soleil et l'eau sont simultanément, alternativement nuisibles et bienfaisants. Sans muselière, le mouton de mon Petit Prince risque de dévorer sa rose. Puisque nous ne pouvons pas les ramoner, nos volcans risquent d'exploser, notre planète, d'être étouffée par nos baobabs. La fleur de l'enfant blond n'a que quatre épines de rien du tout, et puis son globe de verre, pour se protéger des volcans, des baobabs, des moutons et des hommes. La Terre, notre empire, notre colonie : tributaire en permanence de notre part d'ombre et de notre part de lumière. De notre part d'humanisme et de notre part de barbarie. À chaque seconde qui passe, nos déserts dévorent un nouvel hectare de notre planète, tandis que nos bûcherons détruisent un hectare de nos forêts. Chaque être vivant est simultanément prédateur et protecteur. Mais seule notre engeance humaine est responsable ou irresponsable : libre de subir ou d'essayer de maîtriser les forces de la nature, de détruire ou de préserver, de gérer ou de compromettre le devenir de la planète que nous avons reçue en héritage.

L'enfer, c'est étymologiquement le monde du dessous. Ce peut être à l'aube du troisième millénaire un enfer à ciel ouvert.

Notre Terre se réchauffe, sa couche d'ozone et ses glaciers fondent, ses mers montent, ses océans s'épuisent, ses rivières s'assèchent, ses déserts progressent et nous donnons parfois naissance à de curieux champignons. Nous ne nous affolons pas car, de toutes les espèces menacées, nous pensons que nous serons la dernière à disparaître après avoir éliminé les autres. Nous sommes 20 % de Terriens qui confisquons 80 % de l'énergie que nous produisons. Un Américain consomme seize fois plus de pétrole qu'un Africain. Les dinosaures, l'ours polaire, la baleine et le panda nous servent de symboles ; ceux d'un monde qui nous aurait précédés et qui ne nous survivrait pas, comme si nous avions envie de torpiller jusqu'au souvenir de l'arche de Noé. Puissions-nous ne jamais en faire l'antichambre de l'enfer, mais celle du paradis. Le paradis, c'est depuis toujours une sorte de jardin. Puissions-nous ne pas faire de ce jardin le désert de nos aigreurs et de notre ingratitude, mais plutôt le nouveau monde de nos rêves et de nos espérances. Puissions-nous ne jamais arrêter de porter sur les jardins de la Terre ce regard neuf qui protège de la véritable vieillesse : la sécheresse du cœur qui peut survenir à tout âge et qui, donc, n'a rien à voir avec la vieillesse de l'état civil.

> La Terre nous apprend sur nous plus que tous les livres parce qu'elle nous résiste.
>
> *Terre des hommes*
>
> Si au lieu de l'effectuer en passager, je fais ce voyage en pilote, tout à coup s'établit entre le paysage et moi une topographie céleste, plus importante que celle du sol. Ma vie prend un sens.
>
> *Je suis allé voir mon avion ce soir*

Leurs civilisations ne sont que fragiles dorures : un volcan les efface, une mer nouvelle, un vent de sable.

Terre des hommes

Quand on a terminé sa toilette du matin, il faut faire soigneusement la toilette de la planète.

Le Petit Prince

L'homme et la forêt. Quand il n'y aura plus rien que l'homme, l'homme s'emmerdera excessivement. Il a déjà perdu contact avec le fauve et, en partie, avec les forces de la nature, et voici qu'il transforme la planète en terre maraîchère.

Carnets

Pour une écologie des villes et pour un véritable urbanisme

L'écologie de la ville a un nom : c'est l'urbanisme, qui désigne l'ensemble des sciences, des techniques et des arts relatifs à l'organisation et à l'aménagement des espaces urbains. Nos villes sont tentaculaires, à l'image de nos rêves, de nos démesures et de nos ambitions. Mariage du verre et du béton. L'un et l'autre sont tirés du sable qui tapisse nos plages et nos déserts. Après l'eau potable, le béton est le produit que nous utilisons le plus. Chaque année, nous produisons un mètre cube de béton par Terrien. Nos villes pauvres et nos cités en guerre sont des villes éteintes, des villes de cendres cachées par nos couvre-feux. Nos villes riches et nos cités en paix sont des villes-lumière. Mais éteintes ou allumées, nos villes sont des pièges. Des termitières. Il y a, à Paris, autant de rats que d'habitants. Et beaucoup plus encore de termites… Les murs de nos villes et de nos banlieues entourent aujourd'hui plus d'un Terrien sur deux, sans que nous sachions s'ils ne nous protègent pas de nos ennemis en nous séparant de nos amis. S'ils nous révèlent ou s'ils nous confisquent l'horizon. S'ils sont ceux de nos remparts ou ceux de nos prisons.

Tu as construit ta paix à force d'aveugler de ciment, comme le font les termites, toutes les échappées vers la lumière.

Terre des hommes

Entre cet homme glacé et moi, je sens tous les espaces vides qui séparent les hommes. On oublie dans les villes ce qu'est un homme. Il est réduit à sa fonction : facteur, vendeur, voisin qui vous dérange. C'est au fond du désert que l'on découvre le mieux ce qu'est un homme.

Moscou

Salauds qui se sont reproduits sur ce globe de façon inconsidérée, qui en ont évincé les diplodocus, les iguanodons et les loups-garous, qui en ont sali la surface avec leurs villes, comme avec des crottes.

Lettre à Louis Daléas, août 1934

J'habite au vingt-cinquième étage d'un hôtel en pierre, et j'écoute à travers ma fenêtre la voix d'une ville nouvelle. Et cette voix me semble déchirante. Cet entassement d'hommes dans leurs pyramides de pierre, qui s'agitent entre leur planète et les étoiles, sans rien comprendre de leur voyage et sans capitaine.

Lettre à Nelly de Vogüé, janvier 1938

Derrière le hublot, la fourmilière humaine [...] : villes assises dans leur plaine, au centre de leurs routes qui s'ouvrent en étoile, et les nourrissent, ainsi que des artères, du suc des champs.

Terre des hommes

Si tu surplombes la ville et te recules dans le temps pour voir sa démarche, tu découvriras bien à travers la confusion, l'égoïsme, l'agitation des hommes, la lente et calme démarche du navire.

Citadelle

J'aimais, au Paraguay, cette herbe ironique qui montre le nez entre les pavés de la capitale, qui, de la part de la forêt vierge invisible, mais présente, vient voir si les hommes tiennent toujours la ville, si l'heure n'est pas venue de bousculer un peu toutes ces pierres. J'aimais cette forme de délabrement qui n'exprime qu'une trop grande richesse.

Terre des hommes

Pour une écologie du vivre-ensemble

Le vivre-ensemble, c'est la cohabitation harmonieuse entre les individus ou entre les communautés. Nous avons parfois tant de mal à vivre ensemble. Trop souvent, nous rejetons « l'autre ». Celui-ci a une longue histoire. L'autre a d'abord été celui de l'autre clan, puis le voisin d'à côté, puis le voisin d'en face, puis celui de l'autre rue, puis celui de l'autre quartier, de l'autre village, de l'autre région. Puis celui de l'autre pays, celui de l'autre culture, celui de l'autre religion. Nous rejetons l'autre comme l'autre nous rejette. Chacun aime crucifier en l'autre ce qui le rend différent. Nous avons tous peur de ceux qui ne nous ressemblent pas. Nos semblables ne nous acceptent pas tels que nous sommes, mais tels qu'ils voudraient que nous soyons. Nous avons tant besoin de nous trouver des victimes expiatoires, des boucs émissaires, des souffre-douleur. Ils nous rassurent. Ils endossent nos propres doutes, nos propres complexes. Ils nous aident à conjurer nos propres démons. Nous harcelons, nous persécutons, nous martyrisons en eux nos propres turpitudes. L'écologie des rapports humains consiste à mettre en pratique un principe très simple : nous ne sommes riches que de l'agrégation de nos différences.

Perdus dans nos foules, nous sommes parfois plus seuls que le Petit Prince sur sa planète. Nous sommes incorrigibles : pris au piège de nos grandes termitières, cernés par le vertige de notre insignifiance, nous éprouvons une certaine tendance à évoluer en orbite autour de notre nombril. Notre société du tout à l'ego et notre narcissisme instinctif nous tiennent lieu de civilisation. Nous finissons par avoir l'illusion de notre autosuffisance. La solidarité devient alors une option facultative dans nos esprits, jusqu'à ce qu'une guerre, une épidémie, un deuil, une catastrophe naturelle, une rage de dents nous rappellent à l'ordre cruel du monde qui nous entoure, et dans lequel notre égoïsme risque de faire de nous des corps étrangers. Notre égoïsme fait de nous de grands solitaires, cœurs nomades et volages aux amours trop souvent éphémères. Notre vie ne s'éclaire pourtant que lorsque nous la tournons vers les autres. Encore nous faut-il redécouvrir les vraies valeurs de l'altruisme, de l'amitié, de la générosité, de la charité et des relations humaines. Afin de pouvoir nous épanouir autrement qu'en prédateurs ou en parasites, sans être pour autant écrasés par nos sociétés de masse.

La vie n'a de sens que si on l'échange peu à peu.

Citadelle

Dans ma civilisation, celui qui diffère de moi, loin de me léser m'enrichit. [...]. En l'Homme se retrouvent, de même, les Français de France et les Norvégiens de Norvège. L'Homme les noue dans son unité, en même temps qu'il exalte sans se contredire leurs coutumes particulières. L'arbre aussi s'exprime par des branches qui ne ressemblent pas aux racines. Si donc, là-bas, on écrit des contes sur la neige, si l'on cultive des tulipes en Hollande, si l'on improvise des flamencos en Espagne, nous en sommes tous enrichis en l'Homme.

Pilote de guerre

Si je diffère de toi, loin de te léser, je t'augmente.

Lettre à un otage

Mélancolique, j'étais, car je me tourmentais à propos des hommes. Chacun tourné vers soi et ne sachant plus quoi souhaiter.

Citadelle

La grandeur d'un métier est, peut-être, avant tout, d'unir des hommes : il n'est qu'un luxe véritable, et c'est celui des relations humaines.

Terre des hommes

On s'élargit par la découverte d'autres consciences. On se regarde avec un grand sourire. On est semblable à ce prisonnier délivré qui s'émerveille de l'immensité de la mer.

Terre des hommes

Nous nous battons pour l'homme, pour que l'homme ne soit point écrasé par la masse aveugle.

Aux Américains

Il était libre, mais infiniment, jusqu'à ne plus se sentir peser sur Terre. Il lui manquait ce poids des relations humaines qui entrave la marche, ces larmes, ces adieux, ces reproches, ces joies, tout ce qu'un homme caresse ou déchire chaque fois qu'il ébauche un geste, ces mille liens qui l'attachent aux autres, et le rendent lourd.

Terre des hommes

Pour une écologie de l'être

L'écologie de l'être, c'est de ne pas le résumer à l'avoir. Si nous nous résumons à ce que nous avons, et à ce que nous risquons de perdre, alors nous ne sommes déjà plus rien. Si nous nous résumons à ce que nous sommes, et non à ce que nous possédons, alors, personne ne pourra amplifier notre angoisse en nous faisant croire qu'il est possible de porter atteinte à notre sécurité ou à notre sentiment d'identité. Il nous faut voir, redécouvrir ce que nous ne regardions plus. Devenir les jardiniers de nos âmes. Constater que notre véritable bonheur ne se fonde pas sur nos besoins de luxe et de puissance, mais sur l'amour, le partage et le don. Afin que nos histoires d'amour et nos mariages ne se transforment pas en contrats de copropriété et de partage de nos égoïsmes. Afin que notre esprit triomphe sur la matière.

Chaque jour est comme une nouvelle vocation. Nous devrions contempler chaque matin comme le premier matin du monde. Nous sommes tous un jour tombés du nid de notre enfance. Un nid dont chaque brindille était une racine. Nous avons dû d'abord déserter la mer intérieure du ventre qui nous avait portés pour apprendre à marcher sur la Terre. Mais il nous reste quelque chose de la Petite Sirène d'Andersen. Et nous nous en souvenons quand nous réapprenons à nager. Il nous reste quelque chose de ce regard émerveillé que nous savions porter sur un monde nouveau, lorsque chaque instant était une découverte et que nous aurions pu crier « Terre ! », à l'exemple des explorateurs lorsqu'ils découvraient un nouveau continent. Il nous suffit de retrouver ce regard. Le regard du Petit Prince. Pour que chaque jour soit ce qu'il est toujours en réalité : un jour tout neuf, parce que la journée qui précède vient d'être effacée sur l'ardoise magique de la nuit, à l'image des vagues qui effacent sur les plages les murailles de nos châteaux de sable.

En travaillant pour les seuls biens matériels, nous bâtissons nous-mêmes notre prison. Nous nous enfermons, solitaires, avec notre monnaie de cendre qui ne procure rien qui vaille de vivre.

Terre des hommes

L'homme réduit à n'être que lui-même est un homme satisfait, un homme mort.

Carnets

Vous m'offrez un plus bel immeuble, une meilleure voiture, un air plus pur : mais quel homme pour les habiter ?

Carnets

L'homme robot, l'homme termite, l'homme oscillant d'un travail à la chaîne, système Bedaux, à la belote. L'homme châtré de tout son pouvoir créateur et qui ne sait même plus, du fond de son village, créer une danse ni une chanson. L'homme que l'on alimente en culture de confection, en culture standard, comme l'on alimente les bœufs en foin. C'est ça l'homme d'aujourd'hui.

Lettre au général Chambe, 30 juillet 1944

S'il est bon que les objets soient fondés pour servir les hommes, il serait monstrueux que les hommes fussent fondés pour servir de poubelles aux objets.

Citadelle

Pour une écologie de l'humanisme et du sourire

Quatre-vingts ans avant l'ère des imprécateurs et des renfrognés qui dévore le XXIe siècle naissant, bien avant qu'une pandémie et les méfaits d'un virus n'aient transformé les exigeants en intransigeants, l'auteur du *Petit Prince* nous rappelle toute la valeur du sourire, de l'humanisme et de l'empathie.

Ton sourire du matin est la signification de toute chose et dès lors tu commences à naître.

Citadelle

Nous avons vu s'introduire insensiblement une morale du Collectif qui néglige l'Homme. Cette morale expliquera clairement pourquoi l'individu se doit de se sacrifier à la Communauté. Elle n'expliquera plus, sans artifices de langage, pourquoi une Communauté se doit de se sacrifier pour un seul homme. Pourquoi il est équitable que mille meurent pour délivrer un seul de la prison de l'injustice. Nous nous en souvenons encore, mais nous l'oublions peu à peu. Et cependant c'est dans ce principe, qui nous distingue si clairement de la termitière, que réside, avant tout, notre grandeur.

Pilote de guerre

Pour une écologie de l'avoir et de l'argent

Avec sa chanson « Foule sentimentale », Alain Souchon est un Petit Prince d'aujourd'hui.

Oh la la la vie en rose
Le rose qu'on nous propose
D'avoir les quantités d'choses
Qui donnent envie d'autre chose
Aïe, on nous fait croire
Que le bonheur c'est d'avoir
De l'avoir plein nos armoires

L'ego, l'argent, la puissance apparente, le prestige et les biens matériels sont les attributs de l'avoir. Ces fausses richesses qui nous mettent en péril parce qu'elles nous donnent la crainte et l'illusion de pouvoir tout perdre et d'être réduits à néant. Au sein de nos grandes fourmilières, on nous fait croire qu'être, c'est avoir. Que le fait d'être se résume au fait d'avoir. Pour avoir prise sur nous. Pour nous transformer en un bétail soumis et résigné qui troque alors sa liberté contre la protection de ses biens et de son grand sommeil. On nous fait croire que la liberté serait l'exaltation de l'individu contre l'homme. Que nous serions condamnés à nous laisser gouverner par nos désirs matériels. Alors nous devenons les esclaves des mirages, des illusions de nos désirs, et de ceux qui les fabriquent. L'opium et la morphine germent dans nos champs de pavots. Nous devenons aussi tristes que le buveur de la planète B327. Nous tournons en rond. Nous ne savons plus ce que nous cherchons. Nous n'arrivons plus à régner sur nous-mêmes. Il est pourtant d'autres richesses : la rose de mon Petit Prince, les étoiles qui lui versent à boire, l'amitié d'un homme ou d'un renard. Des richesses qui ne seront jamais à vendre puis qu'elles ne s'achètent pas.

Te voilà assis parmi tes ruines d'objets épars.

Citadelle

Ils achètent des choses toutes faites chez les marchands. Mais comme il n'existe point de marchands d'amis, les hommes n'ont plus d'amis.

Le Petit Prince

Nous ne sommes pas un bétail à l'engrais. La prospérité et le confort ne sauraient suffire à nous combler.

Lettre à l'inconnue

Nous découvrons avec surprise qu'il est des conditions mystérieuses qui nous fertilisent. Liés aux autres par un but commun et qui se situe en dehors de nous, alors seulement nous respirons. Nous, les fils de l'âge du confort, nous ressentons un inexplicable bien-être à partager nos derniers vivres dans le désert.

La Paix ou la Guerre ?

Je ne comprends plus ces populations des trains de banlieue, ces hommes qui se croient des hommes, et qui cependant sont réduits, par une pression qu'ils ne sentent pas, comme les fourmis, à l'usage qui en est fait. De quoi remplissent-ils, quand ils sont libres, leurs absurdes petits dimanches ?

Terre des hommes

Dieu suspend l'usage des richesses pendant la durée du bilan nocturne. L'héritage tenu en réserve m'apparaîtra, ainsi, plus clairement, quand les hommes reposeront, les mains ouvertes par le jeu de l'inflexible sommeil qui défait les doigts jusqu'au jour. Alors peut-être contemplerai-je ce qui ne porte point de nom. J'aurai marché comme un aveugle que ses paumes ont conduit vers le feu. Il ne saurait pas le décrire et cependant il l'a trouvé. Ainsi, peut-être, se montrera ce qu'il convient de protéger, ce qui ne se voit point, mais dure, à la façon d'une braise, sous la cendre des nuits de village.

Pilote de guerre

L'objet qui vaut et qui est digne de l'homme est celui qui a coûté beaucoup de temps. Et c'est le sens même du diamant, lequel est année de travail (*sic*) qui donne une larme grande comme l'ongle. Ou la goutte de parfum tirée du tombereau de fleurs. Et que m'importe à moi le destin de la larme et de la goutte de parfum puisque je connais d'avance qu'elles ne sont point distribuables à tous et que je connais également qu'une civilisation repose non sur le destin de l'objet mais sur sa naissance ?

Citadelle

Pour une écologie de l'ego

On ne dira jamais assez les ravages du narcissisme qui est sans doute le polluant le plus toxique qui soit pour l'être humain. C'est lui qui peut mettre en danger l'espèce humaine et son environnement.

L'idée de grandeur seule élargit l'homme. L'homme réduit à n'être que lui-même, qui se contente de son auge et de son petit de remplacement, qui accepte son lot d'idées sans prétendre pour elles à l'universalité, est un homme satisfait, un homme mort.

Carnets

Cette foule qui fait ta gloire te laisse d'abord tellement seul !

Citadelle

Rien n'est plus mystérieux dans l'homme que le « contentement de soi-même ». Cet intérêt pour son rôle, son importance, ses exploits. Quel est le roi à qui sont rendus ces hommages et pourquoi les phénomènes intérieurs accaparent-ils son attention alors que seuls le nourriraient les phénomènes extérieurs.

Carnets

On croit que l'homme est libre. On ne voit pas la corde qui le rattache au puits, comme un cordon ombilical, au ventre de la terre.

Terre des hommes

Tu prétends arracher au monde quelque chose à saisir qui soit pour toi. Et tu ne trouveras rien car tu n'es rien. Et tu jettes tes objets en vrac dans la fosse à ordures.

Citadelle

La grandeur naît d'abord – et toujours – d'un but situé en dehors de soi [...]. Dès que l'on enferme l'homme en lui-même, il devient pauvre.

Carnets

Pour une écologie de la spiritualité

La spiritualité, c'est ce qui nous distingue de la matière, le reflet de notre âme et de notre vie intérieure. Préserver notre spiritualité, paradoxalement si souvent mise en danger par nos religions, c'est sans doute le seul moyen de grandir, de ne pas nous atrophier, de ne pas nous laisser rétrécir par les aléas de l'existence et par les accidents de la vie.

Il n'y a qu'un problème, un seul de par le monde. Rendre aux hommes une signification spirituelle, des inquiétudes spirituelles, faire pleuvoir sur eux quelque chose qui ressemble à un chant grégorien. On ne peut vivre de frigidaires, de politique, de bilans et de mots croisés, voyez-vous ! On ne peut plus vivre sans poésie, couleur ni amour.

Lettre au général X

Quiconque accède à la contemplation se change en semence.

Pilote de guerre

> D'où les hommes tirent-ils ce goût d'éternité, hasardés comme ils le sont sur une lave encore tiède et déjà menacés par les neiges ?
>
> *Terre des hommes*
>
> Toute cette foule, toutes ces lumières, [...] il me semble que ça pose d'abord, et d'une façon écrasante, le problème de la destinée.
>
> Lettre à Pierre Chevrier, janvier 1938

Pour une écologie du partage

Sous l'Occupation, alors qu'il s'évertuait à persuader les Américains qu'il leur fallait entrer dans la guerre pour combattre le nazisme, Antoine de Saint-Exupéry avait indiqué dans un brouillon du *Petit Prince* que, collée-serrée, toute la population du monde, soit à l'époque deux milliards de Terriens, aurait pu tenir sur l'île de Long Island : « Si l'on réunissait tous les habitants de cette planète les uns à côté des autres, serrés comme pour un meeting, les blancs, les jaunes, les noirs, les enfants, les vieillards, les femmes et les hommes sans en oublier un seul, l'humanité tiendrait tout entière dans l'île de Long Island. » Si l'on adapte son raisonnement, dans moins de dix ans, toute la population du monde, soit huit milliards d'habitants, debout, collée-serrée, pourrait tenir sur une fois et demie l'île de Corse. Notre planète n'est pas physiquement surpeuplée. Elle est socialement surpeuplée pour cause de non-partage et de gaspillage : les 1 % les plus fortunés contrôlent 46 % du patrimoine mondial total de l'humanité. Un tiers de la nourriture que nous produisons passe à la poubelle. Il y a deux cent trente millions de migrants dans le monde, soit 3 % de la population mondiale. Parmi ces deux cent trente millions de migrants, 68,5 millions de « réfugiés » dont la moitié sont des enfants. Le nombre des migrants a augmenté de cinquante-sept millions depuis l'an 2000. Cette accélération est liée à l'auto-colonisation de la planète. Cette auto-colonisation a un nom invoqué aujourd'hui comme une fatalité qui ne répondrait à aucun Dieu ou à aucun maître : la mondialisation. Elle se nourrit d'explosions ou de régressions démographiques, de conflits, de l'accroissement des inégalités, du gaspillage et des changements climatiques. Mais des grandes invasions aux vagues migratoires par saccades ou à jet continu, l'humanité n'a toujours évolué et ne s'est toujours développée qu'au fil des migrations. N'en déplaise à « l'immondialisation » qui pousse certains Terriens au refus du partage, au rejet, voire à l'élimination de leur prochain. L'œuvre de Saint-Exupéry est une ode au partage, à l'arrêt du gaspillage, au grand brassage de la pâte humaine.

Pour une écologie de la responsabilité citoyenne

Le « je suis responsable », [...] ce devrait être la devise d'orgueil de tout homme. C'est la foi en l'action. C'est la base même du sentiment de l'être.

Lettre au général Chambe, 30 juillet 1944

Je suis responsable de tous les actes de tous les hommes.

Citadelle

Sa grandeur, c'est de se sentir responsable. [...] Responsable de ce qui se bâtit de neuf, là-bas, chez les vivants. [...] Responsable un peu du destin des hommes. [...] Être homme, c'est précisément être responsable. C'est connaître la honte en face d'une misère qui ne semblait pas dépendre de soi. C'est être fier d'une victoire que les camarades ont remportée. C'est sentir, en posant sa pierre, que l'on contribue à bâtir le monde.

Terre des hommes

Ma civilisation, héritière de Dieu, a fait chacun responsable de tous les hommes, et tous les hommes responsables de chacun. Un individu doit se sacrifier au sauvetage d'une collectivité, mais il ne s'agit point ici d'une arithmétique imbécile. Il s'agit du respect de l'homme au travers de l'individu. La grandeur, en effet, de ma civilisation, c'est que cent mineurs s'y doivent de risquer leur vie pour le sauvetage d'un seul mineur enseveli. Ils sauvent l'homme. Je comprends clairement, à cette lumière, la signification de la liberté.

Pilote de guerre

Puisqu'il suffit, pour nous délivrer, de nous aider à prendre conscience d'un but qui nous relie les uns aux autres, autant le chercher là où il nous unit tous. Le chirurgien qui passe la visite n'écoute pas les plaintes de celui qu'il ausculte à travers celui-là, c'est l'homme qu'il cherche à guérir. Le chirurgien parle un langage universel. De même le physicien quand il médite ces équations presque divines par lesquelles il saisit à la fois et l'atome et la nébuleuse. Et ainsi jusqu'au simple berger. Car celui-là qui veille modestement quelques moutons sous les étoiles, s'il prend conscience de son rôle, se découvre plus qu'un serviteur. Il est une sentinelle. Et chaque sentinelle est responsable de tout l'Empire.

Terre des hommes

Pour une écologie de la politique et de la paix

Le créateur du *Petit Prince* est né avec le XXe siècle. Son adolescence a été marquée par les massacres la Première Guerre mondiale, sa vie d'adulte par les cauchemars de la Seconde. Entre 1914 et 1944, nos semblables ont tué quatre-vingt-dix millions des leurs, militaires ou civils. Génocides, crimes de guerre, bombardement « stratégiques » : l'horreur à l'échelle industrielle, à chaque fois pendant cinq ans, à vingt-deux ans d'intervalle. À quelques mois près, Antoine de Saint-Exupéry a failli participer à la Grande Guerre. Il a été victime de la suivante, victime de la grande tragédie humaine, celle du nazisme, du totalitarisme universel, du rejet de l'autre et du sacrifice des boucs émissaires.

Le XXe siècle a engendré les plus grandes tueries de l'histoire humaine : au total, deux cent soixante-douze millions de morts. La suite de la grande tragédie humaine, en ce début du troisième millénaire, c'est le phénomène des migrations, et le nombre de victimes qu'elles impliquent. 33 293 migrants sont morts dans la seule mer Méditerranée, entre le 1er janvier 1993 et le 29 mai 2017. Au début de l'année 2017, les cinq principaux pays d'origine des migrants étaient le Nigeria, la Guinée, la Côte d'Ivoire, le Bangladesh et la Syrie. Les causes de migration sont variées : guerres, famines, persécutions, pauvreté, mais la cause climatique est aussi croissante. Certains migrants habitaient des zones de leurs pays devenues incompatibles avec l'existence humaine et sont devenus indésirables dans leurs propres pays dont les surfaces habitables ne sont pas extensibles. À l'aube du troisième millénaire, on peut dénombrer cinquante conflits dans le monde, pour la plupart des guerres civiles, des guerres sans front, dont quatorze font plus de mille morts par an.

Au cours du XXe siècle, trois personnes sur cent ont été victimes d'un meurtre, et cinq sur cent victimes des guerres et des dictatures.

> S'il est bon que les civilisations s'opposent pour favoriser des synthèses nouvelles, il est monstrueux qu'elles s'entre-dévorent.
>
> *Terre des hommes*
>
> Unifier, c'est nouer mieux les diversités particulières, non les effacer par un ordre vain.
>
> *Citadelle*

Pour une écologie de la solidarité et des rapports humains

Le jour, nous passons souvent notre temps à nous faire la guerre. La nuit nous sert de trêve ; il nous arrive de nous aimer. Nous passons un tiers de nos vies à dormir. Nos rêves nocturnes occupent en moyenne six ans de notre existence. La nuit, nous vivons ensemble, seuls ou en couple, sans nous affronter, unis par le même sommeil. La nuit, notre planète est comme une arche de Noé. Nos foules endormies sont silencieuses.

Lorsqu'ils viennent de naître, nos petits d'hommes ne rêvent que des autres, jamais d'eux-mêmes. Il nous faut attendre de vieillir pour que nos rêves nous recentrent sur nos petites personnes. D'une certaine façon, il est clair que nos nuits nous réunifient, alors même que nos jours nous déchirent. Perdus dans nos foules, nous sommes parfois plus seuls que le Petit Prince sur sa planète originelle.

L'Arche de Noé est, d'après la Bible, un navire construit sur l'ordre de Dieu afin de sauver Noé, sa famille (sa femme, ses trois fils et leurs épouses), ainsi qu'un couple (ou sept couples) de toutes les espèces animales du déluge sur le point d'advenir. Dans sa fresque de la Création, sur la voûte de la chapelle Sixtine, Michel-Ange peint ce qu'aurait pu être l'Arche de Noé, accueillant l'humanité et pas seulement la famille de Noé. On ne voit pas d'animaux sur cette fresque. Il s'agissait de toute façon de pouvoir repeupler la Terre après le Déluge. Mais l'ensemble des hommes, par leurs désunions, ne méritaient pas l'abri de l'arche. Et leurs désunions reprendraient, sitôt l'arche sauvée des eaux.

L'Arche de Noé, c'est en fait la Terre tout entière.

> On nous découvre en guerre contre nous-mêmes. Alors, nos divisions, nos luttes, nos injures sont celles d'un même corps qui se contracte contre soi-même et qui se déchire dans le sang de l'enfantement. […] Hâtons-nous de forger la synthèse.
>
> *La Paix ou la Guerre* ?

Nous sommes solidaires, emportés par la même planète, équipage d'un même navire.

Terre des hommes

Voici l'heure du danger. Alors on s'épaule l'un à l'autre. On découvre qu'on appartient à la même communauté.

Terre des hommes

Ils se trouvaient donc enfermés à bord d'un vaisseau de haute mer. [...] Ils ciselaient leurs bagues, filaient leur laine, ou parlaient à voix basse, tissant inlassablement cette communauté des hommes, ce réseau de liens qui fait que si ensuite l'un d'eux meurt il arrache à tous quelque chose.

Citadelle

Pour une écologie des migrations

Dans *Terre des hommes*, après avoir croisé un couple de migrants avec leur enfant, endormis dans un wagon de chemin de fer, Antoine de Saint-Exupéry a écrit les lignes qui suivent : « Il ne s'agit point de s'attendrir sur une plaie éternellement rouverte. C'est quelque chose comme l'espèce humaine et non l'individu qui est blessé ici, qui est lésé. Ce qui me tourmente, ce n'est point cette misère, dans laquelle, après tout, on s'installe aussi bien que dans la paresse. Ce qui me tourmente, les soupes populaires ne le guérissent point. Ce qui me tourmente c'est un peu, dans chacun de ces hommes, Mozart assassiné. Seul l'Esprit, s'il souffle sur la glaise, peut créer l'Homme. »

> Je refuse ces états d'âme grégaires, je refuse les simplifications coraniques, je refuse l'invention des boucs émissaires. Je refuse la pureté d'intention de la très sainte inquisition. Je refuse le vide des formules verbales qui font couler, inutilement, à torrents, le sang des hommes.
>
> *Lettre à Nelly*, juillet 1940

Pour une écologie des « invisibles »

Pour le Petit Prince, il n'y a pas « d'invisibles ». Sans doute parce qu'il regarde les autres avec les yeux du cœur. Entre sa planète B612 et la Terre, au cours de sa migration, le Petit Prince visite six planètes. Il y rencontre des personnages qui se croient grands, des gens imbus et sûrs d'eux-mêmes : un roi, un vaniteux, un homme d'affaires, un géographe. Il y rencontre deux résignés : un ivrogne et un allumeur de réverbères. Il y rencontre un avant-goût de la Terre qui paraît tellement rouillée. Des gens qui n'ont jamais su grandir. Guerre des egos, cynisme, froideur, volonté de puissance, vanité, convoitise, démagogie, appât du gain, addiction, servilité, technocratie, rejet des autres : les ingrédients de la violence, de la guerre et de la zizanie, les caractéristiques de la grande tragédie humaine, de la discrimination sociale, ethnique ou culturelle. Ces adultes bien étranges ne sont-ils pas le reflet de nos propres miroirs et de nos propres facéties ? Aujourd'hui, le Petit Prince, s'il revenait, pourrait visiter des planètes bien différentes : celle des soignants, celle des éboueurs, celle des caissières, celle des balayeurs et des gens de ménage, celle des facteurs ; celles de ceux qui nous protègent ou qui nous défendent. Sur ces nouvelles planètes, pas de femmes, pas d'hommes seuls. Des équipes. Des gens qui souvent portent des tenues de travail, des blouses, des combinaisons, des uniformes. Comme tous les anges gardiens, ces artisans du lien quotidien sont invisibles. Leurs salaires sont souvent modestes. Ils habitent loin du centre des métropoles. Ils se lèvent tôt, car ils passent chaque semaine des heures dans des métros, dans des bus, dans des TER, dans des RER ou dans des trains de banlieue bondés en temps normal pour que nous soyons moins seuls, pour que nos réveils soient humains dans les hôpitaux, pour que nos rues soient propres, pour que l'attente aux caisses soit plus courte, pour que les rayons des commerces soient regarnis, pour que nos messages arrivent à bon port. Sans eux, le monde est impossible. Ils composent l'entité la plus stable et la plus vitale qui soit : celle de la base de la société qui garantit notre cohésion. Ils nous apportent notre part de lien quotidien. Ils ont gardé quelque chose du Petit Prince.

Pour une écologie du temps

Vivre, c'est naître lentement, devenir, apprendre à être, et donc renaître à chaque instant. Bâtir un autre rapport avec le temps. Retrouver son épaisseur. Réconcilier le temps de notre mort et celui de notre vie. Retrouver le temps de réfléchir et de penser. Le temps de nous retrouver. Transmettre. Apprendre à durer. Faire que la mode de la rupture ne génère pas l'amnésie. Dépasser l'ère du zapping, du préfabriqué et du prêt-à-porter. Redécouvrir l'art du sur-mesure. Redécouvrir l'indispensable pérennité de nos démarches et de nos réalisations. Afin que le gain de temps économisé par nos soins grâce à l'usage de nos ordinateurs, de nos robots ménagers ou bureautiques, grâce à la rapidité de nos moyens modernes de transport et de communication ne débouche pas sur le néant, sur un regain d'ennui qui nous pousserait à vouloir « tuer » ce temps « libre » que nous avons eu tant de mal à dérober au labeur qui nous permet de vivre et de manger.

Nous avons l'illusion d'avoir aboli nos saisons parce que les soutes de nos avions nous rapportent du raisin au printemps, des cerises et des fraises à Noël. Alors notre temps devient lisse, notre espace se rétrécit. Un sable triste coule dans le grand sablier de notre ennui. Notre vie devient une peau de chagrin qui rétrécit au fil de la satisfaction de nos souhaits de bonheur matériel. Et rien ne nous protège davantage du vertige du néant. Il nous faut renouer avec les saisons, à la manière de Giuseppe Arcimboldo, ce peintre milanais du XVIe siècle qui juxtaposait dans ses portraits tous les végétaux de la Terre.

Est-ce pour conjurer le caractère éphémère et fragile de notre existence qu'il nous arrive de nous transformer en anges noirs, en archanges destructeurs, capables d'anéantir en un instant ce que le temps avait mis tant de temps à créer, à façonner ? Nous savons pourtant que notre blé doit mûrir, notre vin vieillir et nos fromages s'affiner. Que nous devons grandir, que la pâte de nos pains doit lever, que le bois de nos âtres doit sécher. Et qu'à force de boire le vin trop jeune et de croquer des fruits trop verts, nous ne goûtons qu'à des printemps acides.

> Vous êtes comme moi, vous n'avez jamais eu le temps.
>
> *Vol de nuit*

Voilà maintenant que ce temps gagné, il faut le remplir de quelque chose.

Citadelle

Vivre, c'est naître lentement. Il serait un peu trop aisé d'emprunter des âmes toutes faites !

Pilote de guerre

Dans le désert, on sent l'écoulement du temps. Sous la brûlure du soleil, on est en marche vers le soir, vers ce vent frais qui baignera les membres et lavera toute sueur. Sous la brûlure du soleil, bêtes et hommes, aussi sûrement que vers la mort, avancent vers ce grand abreuvoir. Ainsi l'oisiveté n'est jamais vaine. Et toute journée paraît belle comme ces routes qui vont à la mer.

Terre des hommes

Il faut, autour de soi, pour exister, des réalités qui durent.

Courrier sud

Il est bon que le temps qui s'écoule ne nous paraisse point nous user et nous perdre, comme la poignée de sable, mais nous accomplir.

Citadelle

Rendez-nous, disent avant tout les hommes, rendez-nous « l'éternité ». [...] rendez-nous nos religions, serait-ce celle des fêtes de famille, des anniversaires, des patries, de l'olivier que j'ai planté et que mon fils cultivera – rendez-nous cela que nous sommes et qui dure au-delà de nous-mêmes. Permettez-nous de changer en pierres précieuses un corps périssable...

Carnets

Ce qui se transmettait ainsi de génération en génération, avec le lent progrès d'une croissance d'arbre, c'était la vie mais c'était aussi la conscience.

Terre des hommes

Le temps qui étale, c'est le temps de l'historien. Celui qui ajoute, c'est le temps de la vie. Et rien de commun entre les deux, mais on doit pouvoir user de l'un comme de l'autre.

Carnets

Contre le grand gaspillage

Antoine de Saint-Exupéry nous rappelle que l'accumulation égoïste de biens matériels et de nourritures terrestres conduit fatalement à leur gaspillage. Nous connaissons tous la posture de l'avide qui se sert de façon exagérée dans le plat présenté aux convives d'un dîner, par crainte de manquer, et qui n'arrivera pas à vider son assiette. Alors qu'une personne sur six dans le monde souffre de malnutrition, un tiers de ce que nous produisons nourrit nos poubelles. Rien qu'en France, notre seul gaspillage alimentaire s'élève à dix millions de tonnes. Est incluse dans ce chiffre toute nourriture destinée à la consommation humaine qui, à une étape de la chaîne alimentaire, est perdue, jetée, ou dégradée : surproduction, critères de calibrage, rupture de la chaîne du froid, mauvaise gestion des stocks, inadéquation entre l'offre et la demande, toute la chaîne gaspille, du champ à l'assiette, du stade de la production (32 %) à celui de la consommation à domicile (19 %), en passant par ceux de la transformation (14 %), de la distribution (14 %), et de la consommation dans les cantines ou dans les restaurants (21 %). Le gaspillage dégrade notre environnement : à l'échelle mondiale, le gaspillage alimentaire émet autant de gaz à effet de serre qu'un pays dont le niveau d'activité se situerait en troisième position, juste après celui de la Chine et des États-Unis. Le gaspillage est économique : il coûte à la France entre douze et vingt milliards d'euros par an, soit l'équivalent de cent cinquante-neuf euros par personne pour les seuls ménages. Le gaspillage est également éthique et social, sachant qu'en France, une personne sur dix a du mal à se nourrir et que la malbouffe concerne surtout les gens pauvres.

De destruction en destruction, tu glisses vers la vanité, car elle demeure seule coloration possible quand il n'est plus que résidu dont tu ne saurais te nourrir.

Citadelle

Tu prétends arracher au monde quelque chose à saisir qui soit pour toi. Et tu ne trouveras rien car tu n'es rien. Et tu jettes tes objets en vrac dans la fosse à ordures.

Citadelle

La charité véritable, étant exercice d'un culte rendu à l'homme, au-delà de l'individu, impose de combattre l'individu pour y grandir l'homme.

Pilote de guerre

On est frère en quelque chose et non frère tout court. Le partage n'assure pas la fraternité. Elle se noue dans le seul sacrifice. Elle se noue dans le don commun à plus vaste que soi.

Pilote de guerre

Je n'aime pas les sédentaires du cœur ; ceux-là qui n'échangent rien ne deviennent rien.

Citadelle

> L'amour véritable ne se dépense point ; plus tu donnes, plus il te reste.
>
> *Citadelle*
>
> Nous sommes étrangement soumis aux objets, sans doute à cause de la longue pédagogie publicitaire que nous avons subie. En cela nous sommes des barbares. En cela beaucoup de barbares [...] nous apparaissent comme civilisés. En cela le recul religieux est un désastre qui nous démeuble notre monde spirituel.
>
> *Carnets*

1944 : après quatre années de barbarie, « Les Jours heureux » ou le programme et les réalisations du Conseil national de la Résistance

« Les Jours heureux », c'est le titre donné au programme du Conseil national de la Résistance, cet organisme de combat créé par Jean Moulin le 27 mai 1943, et qui donne, avec son programme publié le 15 mars 1944, un avenir à la France. Ce programme comprend deux parties : un « plan d'action immédiate », qui concerne la préparation de la Libération par la Résistance intérieure française, et des mesures à appliquer dès la libération du territoire.

La majorité des propositions de ce programme fut adoptée entre la Libération de 1944 et le début de l'année 1946.

- Rétablissement de la démocratie, du Parlement, du suffrage universel et de la liberté de la presse.
- Instauration d'une véritable démocratie économique et sociale, impliquant l'éviction des grandes féodalités économiques et financières de la direction de l'économie.
- Interdiction des concentrations de groupes de presse.
- Contrôle de l'État sur la marine marchande.
- Nationalisation et retour à la nation des grands moyens de production monopolisée, fruits du travail commun, des sources d'énergie, des richesses du sous-sol, des compagnies d'assurances et des grandes banques.
- Rajustement des salaires, rétablissement du syndicalisme indépendant et des délégués d'atelier, création des comités d'entreprise.
- Rétablissement de la loi des quarante heures.
- Nationalisation d'Air France et d'Air Bleu.
- Nationalisation de l'électricité et du gaz.
- Nationalisation des grandes compagnies d'assurances.
- Création de la Sécurité sociale, visant à assurer à tous les citoyens des moyens d'existence, dans tous les cas où ils sont incapables de se le procurer par le travail, avec gestion appartenant aux représentants des intéressés et de l'État.

1941-1958 : la vision et les actes de Charles de Gaulle

Le 25 novembre 1941, devant la communauté française réunie à Oxford, Charles de Gaulle annonçait un projet de société humaniste et solidaire qu'il ne pourrait mettre en place que dix-sept ans plus tard, en 1958. Son discours nous décrit avec quatre-vingts ans d'avance les poisons mortels qui nous menacent aujourd'hui, le triomphe progressif de la matière sur l'esprit.

> [...] Il faut convenir, en effet, que dans l'époque moderne, la transformation des conditions de la vie par la machine, l'agrégation croissante des masses et le gigantesque conformisme collectif qui en sont les conséquences battent en brèche les libertés de chacun. Dès lors que les humains se trouvent soumis, pour leur travail, leurs plaisirs, leurs pensées, leurs intérêts, à une sorte de rassemblement perpétuel ; dès lors que leur logement, leurs habits, leur nourriture, sont progressivement amenés à des types identiques ; dès lors que tous lisent en même temps la même chose dans les mêmes journaux, voient, d'un bout à l'autre du monde, passer sous leurs yeux les mêmes films, entendent simultanément les mêmes informations, les mêmes suggestions, la même musique, radiodiffusées ; dès lors qu'aux mêmes heures, les mêmes moyens de transport mènent aux mêmes ateliers ou

bureaux, aux mêmes restaurants ou cantines, aux mêmes terrains de sport ou salles de spectacle, aux mêmes buildings, blocks ou courts, pour y travailler, s'y nourrir, s'y distraire ou s'y reposer, des hommes et des femmes pareillement instruits, informés, pressés, préoccupés, vêtus, la personnalité propre à chacun, le quant-à-soi, le libre choix, n'y trouvent plus du tout leur compte. Il se produit une sorte de mécanisation générale dans laquelle, sans un grand effort de sauvegarde, l'individu ne peut manquer d'être écrasé.

Et d'autant plus que les masses, loin de répugner à une telle uniformisation, ne laissent pas, au contraire, d'y pousser et d'y prendre goût. Les hommes de mon âge sont nés depuis assez longtemps pour avoir vu se répandre, non point seulement l'obligation, mais encore la satisfaction de l'existence agglomérée.

Porter le même uniforme, marcher au pas, chanter en chœur, saluer d'un geste identique, s'émouvoir collectivement du spectacle que se donne à elle-même la foule dont on fait partie, cela tend à devenir une sorte de besoin chez nos contemporains. Or, c'est dans ces tendances nouvelles que les dictateurs ont cherché et trouvé le succès de leurs doctrines et de leurs rites. Assurément, ils ont réussi d'abord parmi les peuples qui, dans l'espoir de saisir la domination sur les autres, ont adopté d'enthousiasme l'organisation des termitières. Mais il ne

> faut pas se dissimuler que l'évolution elle-même offre à l'ordre dit nouveau d'extraordinaires facilités et à ses champions de chroniques tentations.
>
> Si complète que puisse être, un jour, la victoire des armées, des flottes, des escadrilles des nations démocratiques, si habile et prévoyante que se révèle ensuite leur politique vis-à-vis de ceux qu'elles auraient cette fois encore, abattus, rien n'empêchera la menace de renaître plus redoutable que jamais, rien ne garantira la paix, rien ne sauvera l'ordre du monde, si le parti de la libération, au milieu de l'évolution imposée aux sociétés par le progrès mécanique moderne, ne parvient pas à construire un ordre tel que la liberté, la sécurité, la dignité de chacun y soient exaltées et garanties, au point de lui paraître plus désirables que n'importe quels avantages offerts par son effacement. On ne voit pas d'autre moyen d'assurer en définitive le triomphe de l'esprit sur la matière. Car, en dernier ressort, c'est bien de cela qu'il s'agit [...].
>
> Charles de Gaulle,
> *Discours aux étudiants d'Oxford*, 1941

Le 12 septembre 1944, alors que la guerre n'est pas finie, le général de Gaulle vient de remanier le gouvernement. Au cours d'une réunion organisée au palais de Chaillot, en présence du gouvernement, du Conseil national de la Résistance et des grands corps de l'État, il salue les combats victorieux des Alliés avant de tracer le chemin du renouveau national.

Pour résumer les principes que la France entend placer désormais à la base de son activité nationale, nous dirons que, tout en assurant à tous le maximum possible de liberté et tout en favorisant en toute matière l'esprit d'entreprise, elle veut faire en sorte que l'intérêt particulier soit toujours contraint de céder à l'intérêt général, que les grandes sources de la richesse commune soient exploitées et dirigées non point pour le profit de quelques-uns, mais pour l'avantage de tous, que les coalitions d'intérêts qui ont tant pesé sur la condition des hommes et sur la politique même de l'État soient abolies une fois pour toutes, et qu'enfin chacun de ses fils et chacune de ses filles puisse vivre, travailler, élever ses enfants, dans la sécurité et dans la dignité.

Mais les plus nobles principes du monde ne valent que par l'action. À cet égard, notre peuple entier discerne que son bonheur et sa grandeur dépendent d'abord de son propre effort. Certes, le gouvernement a le devoir d'assurer, au fur et à mesure que cela est possible, les conditions sans lesquelles le progrès serait compromis ou l'injustice perpétuée. Certes, il lui appartient, par exemple, de faire en sorte que le niveau de vie des travailleurs français monte à mesure que montera celui de la production française. Certes, il est de son domaine, comme la loi lui en donne, d'ailleurs, dès à présent, le droit, de placer par réquisition ou par séquestre à la disposition directe de l'État l'activité de certains grands services publics ou de certaines entreprises, en attendant que la souveraineté nationale règle les modalités des choses. Certes, il a le devoir de faire verser à la collectivité nationale les enrichissements coupables obtenus par ceux qui travaillaient pour l'ennemi. Certes, il lui revient de fixer les prix des denrées et de régler et contrôler les échanges aussi longtemps que ce qui est produit et transportable n'équivaut point aux demandes de la consommation. Mais, pour nous reconstruire peu à peu, dans la guerre d'abord, puis dans la paix, pour bâtir une France nouvelle, il faut bien autre chose et bien davantage. Il faut un vaste et courageux effort national. Eh bien ! C'est à cet effort que nous appelons la nation. Nous savons dans quel état nous sommes, matériellement, démographiquement, moralement. Nous savons tout ce qui est, chez nous, détruit ou médiocre, dans tous les ordres d'idées. Nous savons tout ce qui nous manque par rapport à tout ce qui est à faire. Mais nous savons également ce que sont notre terre, notre sous-sol, notre empire, ce que nous valons, quand nous le voulons bien, comme agriculteurs, ouvriers, commerçants, techniciens, patrons, inventeurs, penseurs, pour peu que nous marchions ensemble, serrés en rangs fraternels dans la discipline consentie d'un peuple fort. Nous savons ce que nos pères avaient su faire autrefois de la France, quand elle était nombreuse. Nous savons enfin qu'il n'y a pas chez nous un jeune homme, ni une jeune fille, qui ne rêve de vivre libre, fort, aimant et joyeux, dans le travail d'une grande époque et dans une grande patrie. Le plan de mise en valeur de nos ressources matérielles, intellectuelles, morales, le gouvernement va l'établir à mesure des inventaires que la guerre nous découvrira. Il va l'établir, compte tenu du chemin que prendront les autres puissances du monde, car tout se tient et s'enchaîne sur notre terre d'aujourd'hui. Il va l'établir en s'aidant du large conseil des organismes qualifiés, qu'ils soient ceux du travail, de la production, de la recherche ou de la pensée. Cette guerre, où nous vaincrons l'ennemi qui prétendait nous asservir, va se prolonger dans la lutte contre tous les éléments qui s'opposent à notre progrès. Et vous, hommes et femmes de la Résistance française, vous tous croisés à la croix de Lorraine, vous qui êtes le ferment de la nation dans son combat pour l'honneur et pour la liberté, il vous appartiendra demain de l'entraîner, pour son bien, vers l'effort et vers la grandeur.

C'est alors, et alors seulement, que sera remportée la grande victoire de la France !

Discours prononcé au palais de Chaillot à Paris,
le 12 septembre 1944

1972 : le programme commun de la gauche

Le programme commun, dont le nom complet est « programme commun de gouvernement », est un programme de réforme, adopté le 27 juin 1972 par le Parti socialiste et le Parti communiste français et signé le 12 juillet 1972, à Paris, à l'hôtel Continental, par ces deux organisations et par certains radicaux.

Vivre mieux, changer la vie

- Salaire minimum à 1 000 francs.
- Revalorisations des prestations sociales et des pensions.
- Réduction du temps de travail hebdomadaire à trente-neuf heures.
- Retraite à soixante ans pour les hommes et cinquante-cinq ans pour les femmes.
- Nouveau Code du travail.
- Garantie des droits des syndicats.
- Abrogation de la réforme de 1967 sur la Sécurité sociale.
- Gratuité des soins pour tous.

- Construction annuelle de sept cent mille logements sociaux.
- Lutte contre la pollution de l'air et de l'eau.
- Gratuité des études dans le public.
- Soutien à la création culturelle.
- Garantie de l'égalité des sexes.
- Congés maternités étendus à seize semaines.
- Abrogation de la répression de l'avortement.
- Majorité à dix-huit ans.
- Réduction du service militaire de six mois.

Démocratiser l'économie, développer le secteur public, planifier le progrès

- Droit de travail rénové.
- Nationalisations massives.
- Augmentation des rendements.
- Soutien des PME.
- Planification économique, industrielle et agricole.
- Stabilisation des prix.
- Démocratisation de la Banque de France et du Conseil national du crédit.
- Création d'une Banque nationale d'investissement.

Démocratiser les institutions, garantir et développer les libertés

- Droit d'asile.
- Abrogation de la loi dite « anti-casseurs ».
- Transformation du Conseil constitutionnel en cour suprême.
- Démocratisation de la police.
- Indépendance de la justice.
- Abolition de la peine de mort.
- Scrutin proportionnel à l'Assemblée nationale et aux assemblées régionales.
- Abrogation de l'article 16 de la Constitution de 1958 (qui, en période de crise, permet de donner des « pouvoirs étendus », d'ordinaire exclus au président de la République).
- Quinquennat présidentiel.
- Démocratisation du Sénat.
- Contrat de législature.
- Décentralisation.
- Arrêt des privatisations.
- Démocratisation de la fonction publique.
- Garantie du droit à l'information.
- Temps d'antenne accordé à l'opposition par l'ORTF publique.

Contribuer à la paix et développer la coopération internationale

- Réforme de l'armée.
- Désarmement nucléaire.
- Dissolution du pacte de Varsovie et de l'OTAN.
- Soutien à la CEE.
- Renouvellement de la Politique agricole commune.
- Rupture avec l'Afrique du Sud et l'Espagne franquiste.
- Arrêt des guerres.
- Reconnaissance des États communistes (Corée du Nord, GRP au Sud-Vietnam).
- Possibilité d'autodétermination des DOM-TOM.
- Aide au développement des pays pauvres.
- Soutien des mouvements indépendantistes.

1981 : les 110 propositions de François Mitterrand

110 propositions pour la France est un texte présenté par le Parti socialiste et François Mitterrand pour l'élection présidentielle de 1981. Inspiré du programme commun signé en 1972 avec le Parti communiste français, il a marqué la plupart des réformes faites par le gouvernement dans les années qui ont suivi.

I. La paix : une France ouverte sur le monde. Défense du droit et solidarité avec les peuples en lutte

1. Exigence du retrait des troupes soviétiques de l'Afghanistan.
2. Condamnation de l'aide apportée par les États-Unis aux dictatures d'Amérique latine.
3. Affirmation du droit des travailleurs polonais aux libertés et au respect de l'indépendance syndicale.
4. Paix au Moyen-Orient par la garantie de la sécurité d'Israël, dans les frontières sûres et reconnues, le droit du peuple palestinien à disposer d'une patrie, l'unité du Liban.
5. Indépendance du Tchad ; respect de la souveraineté du Cambodge ; soutien au droit à l'autodétermination de l'Érythrée et du Sahara occidental.

Désarmement et sécurité collective

6. Désarmement progressif et simultané en vue de la dissolution des blocs militaires, dans l'équilibre préservé des forces en présence.
7. Action internationale énergique contre la dissémination de l'arme nucléaire et pour le renforcement du contrôle des centrales nucléaires.
8. Ouverture d'une négociation sur la sécurité collective en Europe, à partir de la conférence sur la réduction

des forces et des tensions proposée par les socialistes français. Retrait des fusées soviétiques SS-20 en même temps que l'abandon du plan d'installation des fusées américaines Pershing sur le sol européen.

Nouvel ordre économique mondial

9. Priorité au dialogue Nord-Sud pour la mise en place d'un nouvel ordre économique mondial. Aide publique au tiers-monde portée à 0,70 % du produit national brut (PNB) de chaque pays développé.
10. Définition d'un nouveau système monétaire mondial par la réforme du Fonds monétaire international (FMI), de la Banque mondiale et du « panier de monnaies » ; un moratoire et de nouvelles liquidités pour les pays pauvres du tiers-monde.

Une France forte dans l'Europe indépendante

11. Application stricte du traité de Rome. Marché commun : poursuite de la démocratisation de ses institutions et mise en œuvre immédiate de ses dispositions sociales. Défense de l'emploi européen par le développement de politiques industrielles communes, par la protection des secteurs menacés par l'invasion de certains produits en provenance du Japon et des États-Unis, par l'élaboration d'un règlement communautaire sur l'activité

des sociétés multinationales. Réforme profonde de la politique agricole et de la politique régionale.

12. Avant toute adhésion à la Communauté économique européenne (CEE) de l'Espagne et du Portugal, respect de quatre préalables (agricole, industriel, régional et sur la pêche maritime) conformes à la résolution socialiste adoptée à Montpellier en septembre 1978.
13. Création d'un Conseil des peuples méditerranéens.

II. L'emploi : la croissance sociale par la maîtrise de l'économie. La relance économique

14. Un programme de relance économique fixera, dès la prochaine session de la législature, les premières orientations : emploi, prix, développement technologique, cadre de vie.
15. Des actions industrielles seront immédiatement lancées dans les secteurs de l'électronique, de l'énergie, des biens d'équipement, des transports et de l'automobile, de la chimie fine et de la bio-industrie, de la sidérurgie et de l'agroalimentaire afin de reconquérir le marché intérieur et de créer des emplois.
16. Un programme de grands travaux publics, de construction de logements sociaux et d'équipements collectifs (crèches, restaurants scolaires, maisons de l'enfance) sera engagé dès le deuxième semestre de 1981.

17. La recherche sera stimulée pour atteindre d'ici 1985 2,5 % du PNB. Des mesures d'aide par le crédit et d'encouragement à l'innovation seront prises en direction des petites et moyennes entreprises.
18. Cent cinquante mille emplois seront créés dans les services publics et sociaux en vue d'améliorer les conditions de travail et les capacités d'accueil au public (santé, éducation, postes et télécommunications, etc.) ; soixante mille emplois d'utilité collective seront mis à la disposition des associations et des collectivités locales.

Une nouvelle croissance

19. Le Plan, démocratisé et décentralisé, donnera un nouveau contenu au développement économique. La croissance sociale s'appuiera sur le dynamisme du secteur public, l'encouragement à l'investissement, l'augmentation des bas revenus et l'amélioration des conditions de travail.
20. Le franc sera défendu contre les manœuvres spéculatives. Le développement industriel et agricole et les économies d'énergie rendront la croissance moins tributaire des importations. D'ici 1990, la part du commerce extérieur dans le produit intérieur brut sera ramenée en dessous de 20 %.

21. Le secteur public sera élargi par la nationalisation des neuf groupes industriels prévue dans le programme commun et le programme socialiste, de la sidérurgie et des activités de l'armement et de l'espace financées sur fonds publics. La nationalisation du crédit et des assurances sera achevée.
22. Le contrat de travail à durée indéterminée redeviendra la base des relations du travail ; les capacités d'intervention du syndicat dans l'entreprise seront étendues et affermies : moyens et protection des délégués élus, temps consacré à l'information et à l'expression collective.
23. La durée du travail sera progressivement réduite à trente-cinq heures après négociation entre les partenaires sociaux. La cinquième équipe sera instaurée dans les métiers pénibles. La cinquième semaine de congés payés sera généralisée.
24. L'Agence nationale pour l'emploi sera démocratisée. Elle sera transformée en un grand service public de l'emploi (coordination de l'ensemble des moyens d'information, de formation et de conversion, travail intérimaire).
25. Une loi fixera les conditions d'évolution de la révision des loyers et de la répartition des charges. En outre, des dispositions particulières seront prises en faveur des locataires des logements sociaux.
26. L'épargne sera fortement encouragée. Un livret A par famille sera indexé sur les prix. Les taux d'intérêt des

autres dépôts seront relevés. La réforme des circuits financiers permettra l'affectation de l'épargne des Français aux investissements considérés comme prioritaires par le Plan.

27. Des bonifications d'intérêt ou des avantages fiscaux, sur une base contractuelle, seront accordés pour contribuer à la réalisation des objectifs de la politique économique et sociale, en particulier pour les industries de main-d'œuvre.
28. Les prix des produits pour lesquels la concurrence ne joue manifestement pas seront contrôlés. Les circuits de distribution seront réformés, l'implantation des grandes surfaces réglementée, les pouvoirs des consommateurs renforcés.
29. L'artisanat et le petit commerce verront leur rôle social et humain reconnu et protégé. Le salaire fiscal sera institué pour les travailleurs non salariés.
30. L'assiette des cotisations patronales de la Sécurité sociale sera modifiée afin de ne pas pénaliser les entreprises de main-d'œuvre.

La justice sociale

31. Le SMIC sera relevé. Son montant sera fixé après négociations avec les organisations syndicales. La nouvelle

hiérarchie des salaires inscrite dans les conventions collectives sera respectée.

32. Les prestations pour handicapés et le minimum vieillesse seront portés au niveau des deux tiers du revenu moyen. Les prestations familiales seront revalorisées de 50 % en deux étapes. Les indemnités de chômage seront fortement augmentées.
33. Les taux de la TVA seront ramenés au taux zéro pour les produits de première nécessité.
34. De nouvelles prestations familiales seront progressivement substituées au quotient familial par enfant qui sera, en attendant, plafonné.
35. Un impôt sur les grandes fortunes, selon un barème progressif, sera institué. Les droits de succession seront réformés afin d'alléger les successions modestes (en ligne directe ou non) et de surtaxer les grosses successions. Le capital des sociétés sera taxé sur la base de l'actif net réévalué.
36. L'impôt direct sera allégé pour les petits contribuables, renforcé pour les gros revenus, de manière à réduire l'éventail des revenus. L'avoir fiscal sera supprimé.
37. Règlement des contentieux concernant les anciens combattants, application du rapport constant, retour à la proportionnalité des pensions militaires inférieures à 100 %, bénéfice de la carte de combattant aux anciens d'Algérie.

38. Nouvelle loi d'indemnisation pour les rapatriés, prévoyant la reconstitution des patrimoines familiaux, limitée pour les grosses fortunes.

L'énergie

39. L'approvisionnement énergétique du pays sera diversifié. Le programme nucléaire sera limité aux centrales en cours de construction, en attendant que le pays, réellement informé, puisse se prononcer par référendum. Les crédits en faveur des énergies nouvelles ou des techniques nouvelles d'exploitation des énergies traditionnelles (charbon) seront très considérablement augmentés.
40. Un vaste programme d'investissement destiné à économiser l'énergie sera entrepris. Des clubs d'économie d'énergie animés par des personnels pris en charge et formés par l'État assisteront les ménages. Une politique de normes orientera la production vers des produits, des machines ou des matériaux permettant de réduire la consommation d'énergie.
41. Une loi-cadre garantira le contrôle des citoyens et des élus sur toutes les décisions, et notamment les questions de sécurité touchant au nucléaire.

L'agriculture

42. Le gouvernement proposera aux partenaires de la CEE, afin de revenir à l'esprit du traité de Rome, une réforme de la Politique agricole commune. Celle-ci devra tenir compte de la nécessité de supprimer les inégalités de revenu entre les agriculteurs, les salariés de l'agriculture et l'ensemble des travailleurs.
43. Des mesures particulières seront prises pour l'élevage, la viticulture, les fruits et légumes, jusqu'ici défavorisés. Les marchés seront organisés par des offices par produits ou groupes de produits, chargés de mettre en œuvre des prix garantis, tenant compte des coûts de production, dans la limite de quantum par travailleur. Cette politique prendra en compte les aspirations des consommateurs.
44. Un statut de travailleuses à part entière sera reconnu aux femmes d'agriculteurs. L'installation des jeunes – et notamment l'accès à la terre – sera vivement encouragée. L'agriculture de montagne fera l'objet de mesures de soutien spécifiques.
45. L'outil de travail – la terre – sera protégé contre la spéculation et contre la surexploitation, par la création d'offices fonciers cantonaux où les représentants de la profession seront majoritaires.

La pêche

46. Une politique de la pêche maritime, élément d'une politique de la mer, sera mise en œuvre : réorganisation des marchés, amélioration des conditions de travail et de rémunération des travailleurs de la mer, aides à l'investissement… Au plan (*sic*) européen, le gouvernement proposera l'application d'une politique commune de la pêche fondée sur la garantie d'accès à la ressource, la gestion rationnelle des stocks, l'organisation et la protection du marché communautaire et l'harmonisation des régimes sociaux…

III. La liberté des femmes et des hommes responsables. La démocratie respectée

47. Le mandat présidentiel sera ramené à cinq ans renouvelable une fois, ou limité à sept ans sans possibilité d'être renouvelé.
48. Le Parlement retrouvera ses droits constitutionnels. Le recours à l'usage du vote bloqué sera limité.
49. La représentation proportionnelle sera instituée pour les élections à l'Assemblée nationale, aux assemblées régionales et aux conseils municipaux pour les communes de neuf mille habitants et plus. Chaque liste comportera au moins 30 % de femmes.

50. La représentation parlementaire des Français de l'étranger, comprenant non seulement des sénateurs mais aussi des députés, sera assurée selon des procédures qui en garantiront le caractère démocratique.
51. La vie publique sera moralisée : déclarations des revenus et du patrimoine des candidats aux fonctions de président de la République, de député et de sénateur ainsi que des ministres en exercice, avant et après expiration de leurs mandats.
52. La justice sera appelée à faire toute la lumière sur les affaires dans lesquelles ont été mises en cause des personnalités publiques.

Une justice indépendante

53. L'indépendance des magistrats sera assurée par la réforme du Conseil supérieur de la magistrature.
54. Abrogation des procédures d'exception (Cour de sûreté, tribunaux militaires en temps de paix), de la « loi anticasseurs » et de la loi Peyrefitte. Le principe fondamental de présomption d'innocence sera réaffirmé.
55. Abrogation de la peine de mort.

Des contre-pouvoirs organisés : un État décentralisé

56. La décentralisation de l'État sera prioritaire. Les conseils régionaux seront élus au suffrage universel et

l'exécutif assuré par le président et le bureau. La Corse recevra un statut particulier. Un département du Pays basque sera créé. La fonction d'autorité des préfets sur l'administration des collectivités locales sera supprimée. L'exécutif du département sera confié au président et au bureau du conseil général. La réforme des finances locales sera aussitôt entreprise. La tutelle de l'État sur les décisions des collectivités locales sera supprimée.

57. Le secret administratif sera limité et l'administration contrainte à motiver ses actes et à exécuter les décisions de justice.
58. La promotion des identités régionales sera encouragée, les langues et cultures minoritaires respectées et enseignées.
59. Les communes, départements, régions bénéficieront, pour assumer leurs responsabilités, d'une réelle répartition des ressources publiques entre l'État et les collectivités locales. Celles-ci auront notamment la responsabilité des décisions en matière de cadre de vie : développement prioritaire des transports en commun, aménagement des rues, services sociaux, espaces verts. Elles susciteront le développement de la vie associative, contribuant ainsi à l'animation de la ville, au rayonnement de ses activités, à l'affirmation de sa personnalité.
60. Pour les peuples de l'Outre-mer français qui réclament un véritable changement, ouverture d'une ère

de concertation et de dialogue, à partir de la reconnaissance de leur identité et de leurs droits à réaliser leurs aspirations. Entre autres, dans les départements d'Outre-mer, institution d'un conseil départemental, élu à la proportionnelle et responsable de la vie locale de chaque département, avec consultation obligatoire avant tout accord international touchant à la région du monde où ils se trouvent. La loi déposée à ce sujet par le groupe parlementaire socialiste sera soumise au Parlement dès la prochaine session de la législature.

61. Le projet de loi sur la vie associative sera également soumis au vote du Parlement dès la prochaine session. L'élu social aura un statut reconnu. Les associations d'usagers du cadre de vie verront leurs droits largement accrus et des moyens matériels mis à leur disposition.

La démocratie économique : des droits nouveaux pour les travailleurs

62. Le comité d'entreprise disposera de toutes les informations nécessaires sur la marche de l'entreprise. Pour l'embauche, le licenciement, l'organisation du travail, le plan de formation, les nouvelles techniques de production, il pourra exercer un droit de veto avec recours devant une nouvelle juridiction du travail.

63. Le comité d'hygiène et de sécurité aura le pouvoir d'arrêter un atelier ou un chantier pour raisons de sécurité.
64. La gestion du secteur public sera largement décentralisée. Les instances de direction des entreprises seront soit tripartites (collectivités publiques, travailleurs, usagers), soit formées par la coexistence d'un conseil de gestion élu par les travailleurs et d'un conseil de surveillance. Les représentants des travailleurs seront élus directement à la proportionnelle et à la plus forte moyenne. Des conseils d'unité et d'atelier élus par les travailleurs seront instaurés. Un secteur d'économie sociale, fondé sur la coopération et la mutualité, expérimentera des formes nouvelles d'organisation des travailleurs.
65. La participation effective des cadres (ingénieurs, techniciens et cadres) sera assurée et leur rôle reconnu au sein des organismes représentatifs de l'ensemble des salariés : comités d'entreprise, comités de groupes et de holdings dans les entreprises de droit privé, conseils d'administration tripartites, conseils d'unité ou d'atelier dans le secteur public.

Des droits égaux pour les femmes

66. L'égalité des chances devant l'emploi sera garantie par une réelle mixité de toutes les filières de formation professionnelle (quotas minimaux). Les crédits seront

affectés à la formation continue en fonction du nombre et du sexe des salariés de l'entreprise dans chaque catégorie. La loi supprimera la notion de « motif légitime » invoquée pour refuser à une femme l'accès à un emploi.

67. L'égalité de rémunération entre hommes et femmes sera garantie – et appliquée – au terme d'une négociation des conventions collectives dans chaque branche professionnelle.
68. Le statut de travailleuses à part entière sera reconnu aux conjointes d'agriculteurs, de commerçants et d'artisans actuellement considérées comme sans profession.
69. L'information sur la sexualité et la contraception sera largement diffusée dans les écoles, les entreprises, les mairies, les centres de santé et d'orthogénie, et par les médias. La contraception sera gratuite, les conditions d'obtention de l'interruption volontaire de grossesse seront révisées.
70. La dignité de la femme sera respectée, notamment à travers l'image qui est donnée d'elle dans les manuels scolaires, la publicité, la télévision. Les associations de défense des droits des femmes pourront se porter partie civile en cas de discrimination.
71. Un fonds de garantie, chargé de la récupération des pensions alimentaires, viendra en aide aux femmes divorcées chefs de famille. La pension de réversion sera

égale pour les deux conjoints et pourra se cumuler avec des droits propres. Une allocation sera versée aux veuves et divorcées pendant deux ans minimum moyennant leur inscription à l'ANPE ou à un stage de formation professionnelle.

La famille et l'enfant

72. Un congé parental ouvert pour moitié au père et à la mère, rémunéré et assorti de garanties de réintégration dans l'emploi sera accordé aux parents d'enfants de moins de deux ans.
73. Une allocation familiale unique sera versée dès la déclaration de grossesse et dès le premier enfant.
74. L'égalité devant l'emploi, pour les femmes, exige un vaste programme d'équipements collectifs ; trois cent mille places de crèche seront créées prioritairement.
75. Un institut de l'enfance et de la famille sera mis en place avec la participation des représentants du Parlement, des syndicats, des associations familiales et de jeunesse, de la profession médicale et des enseignants.

Le droit d'être elle-même pour la jeunesse

76. Les jeunes seront éligibles dès dix-huit ans pour les élections politiques et dès seize ans pour les élections professionnelles.
77. La liberté de réunion dans tous les établissements scolaires sera garantie pour les parents d'élèves, ainsi que pour les élèves dans les lycées et les lycées d'enseignement professionnel. Les délégués de classe participeront aux conseils de classe et à la gestion des foyers socio-éducatifs sans que leurs droits puissent subir de restrictions.
78. Les appelés au service national auront la liberté de réunion et d'association. L'objection de conscience sera respectée selon les termes de la loi.
79. L'enseignement technique sous toutes ses formes recevra les moyens nécessaires en personnel et en matériel afin qu'aucun jeune, fille ou garçon, n'arrive dans le monde du travail sans qualification professionnelle.
80. La vignette moto sera supprimée.

De nouveaux droits pour les immigrés

81. Les discriminations frappant les travailleurs immigrés seront supprimées. Les refus de délivrance de cartes de séjour devront être motivés.
82. L'égalité des droits des travailleurs immigrés avec les nationaux sera assurée (travail, protection sociale, aide

sociale, chômage, formation continue). Droit de vote aux élections municipales après cinq ans de présence sur le territoire français. Le droit d'association leur sera reconnu.

83. Le Plan fixera le nombre annuel de travailleurs étrangers admis en France. L'Office national d'immigration sera démocratisé. La lutte contre les trafics clandestins sera renforcée.

Une société solidaire

84. Le droit à la retraite à taux plein sera ouvert aux hommes à partir de soixante ans et aux femmes à partir de cinquante-cinq ans. Les retraités auront le droit de siéger dans les instances de la Sécurité sociale et les caisses de retraite. Les cotisations prélevées par le régime général de la Sécurité sociale sur les retraites seront supprimées. Une loi définissant les nouveaux droits des retraités et des personnages âgées en matière de ressources, de logement, de santé et de culture, et assurant leur réelle participation à la vie sociale, sera déposée.
85. Les handicapés auront la place qui leur est due dans la société : le travail, l'éducation, le logement, les transports, les loisirs et l'accès à la culture seront adaptés à leurs contraintes particulières.

•

86. Un système national de protection sociale commun à tous les assurés sera progressivement institué. L'État remboursera les charges indues et affectera des ressources fiscales au financement des dépenses d'intérêt social. Le ticket modérateur d'ordre public sera abrogé.

La santé protégée

87. Un service communautaire de la santé reposera sur le développement de la prévention, le tiers payant généralisé à terme, la création de centres de santé intégrés auxquels chaque médecin pourra adhérer s'il le souhaite. Une nouvelle convention sera négociée. Le Conseil de l'ordre des médecins sera supprimé.
88. Les missions respectives de l'hôpital et du secteur privé seront définies. Adoption d'une nouvelle carte sanitaire. Les équipements seront programmés par région et leur financement réformé (suppression du prix de journée).
89. Une nouvelle politique du médicament sera mise en place en s'appuyant sur les grands pôles industriels nationalisés où la recherche sera intensifiée.

Droit au logement pour tous

90. Une politique de l'habitat social visera à mettre à la disposition des ménages des logements suffisamment grands et assortis des services à proximité (crèches,

haltes-garderies, transports collectifs). Des dispositions particulières seront prises pour favoriser aussi le logement des jeunes (construction des F1 et F2).

91. Réforme des instruments de l'intervention publique. Maîtrise du sol urbain par les collectivités locales grâce à l'instauration d'un impôt déclaratif foncier, d'un droit de préemption et de prêts bonifiés par l'État.

Une éducation de qualité

92. Un grand service public, unifié et laïque de l'éducation nationale sera constitué. Sa mise en place sera négociée sans spoliation ni monopole. Les contrats d'association d'établissements privés, conclus par les municipalités, seront respectés. Des conseils de gestion démocratiques seront créés aux différents niveaux.
93. L'école sera ouverte sur le monde. La pédagogie sera renouvelée pour favoriser l'expression sous toutes ses formes ainsi que l'épanouissement physique. L'enseignement de l'histoire et de la philosophie sera développé. Quel que soit le niveau d'étude, chacun devra disposer en fin de scolarité d'une formation générale et d'une formation professionnelle. Les classes comprendront vingt-cinq élèves au maximum.
94. La loi Seguin-Rufenacht sur la composition des conseils d'université et d'unités d'enseignement et de recherche

sera abrogée, ainsi que les décrets modifiant la carte universitaire.

95. Chaque travailleur disposera d'un crédit de formation de deux ans qu'il pourra utiliser tout au long de sa vie active. La gestion de l'éducation continue sera tripartite.

Une information libre et pluraliste

96. La télévision et la radio seront décentralisées et pluralistes. Les radios locales pourront librement s'implanter dans le cadre du service public. Leur cahier des charges sera établi par les collectivités locales. Sera créé un Conseil national de l'audiovisuel où les représentants de l'État seront minoritaires. La création sera encouragée. Les droits des « cibistes » seront pleinement reconnus.
97. Les ordonnances de 1944 sur la presse seront appliquées. Les dispositions assurant l'indépendance des journalistes et des journaux face aux pressions du pouvoir, des groupes privés et des annonceurs seront prises. L'indépendance de l'Agence France-Presse vis-à-vis de l'État sera garantie.
98. Toute censure de l'information, y compris dans les casernes et les prisons, sera abolie.

La science et la culture

99. La recherche fondamentale sera un objectif essentiel : d'importants crédits publics lui seront consacrés, pour son développement sur le plan régional comme sur le plan national. Les coordinations nécessaires seront réalisées.
100. L'implantation sur l'ensemble du territoire de foyers de création, d'animation et de diffusion sera encouragée par l'État, qui en assurera un financement partiel. En dehors de nos frontières, une présence active et rayonnante de la culture française sera assurée. L'enseignement de l'art à l'école sera développé et des facilités accordées pour accéder aux grandes œuvres : extension des heures d'ouverture des musées, des bibliothèques, des monuments, grâce au recrutement du personnel nécessaire.
101. Le soutien à la création cinématographique, musicale, plastique, théâtrale, littéraire, architecturale placera la renaissance culturelle du pays au premier rang des ambitions socialistes. Un conseil international pour la science et la culture, une école européenne de cinéma, et un centre international pour la musique seront créés.
102. La libération du prix du livre sera abrogée.

Les équilibres naturels

103. Une charte de l'environnement garantissant la protection des sites naturels, espaces verts, rivages marins, forêts, cours d'eau, zones de vacances et de loisirs sera élaborée et soumise au Parlement après une large consultation des associations et des collectivités locales et régionales avant la fin de l'année 1981.
104. La lutte contre les pollutions de l'eau et de l'air sera intensifiée. Les entreprises contrevenantes seront pénalisées.
105. Les normes de construction de machines et moteurs dangereux à manier et générateurs de bruit seront révisées et strictement appliquées.

Le sport

106. L'indépendance du mouvement sportif vis-à-vis de l'État et des puissances d'argent sera garantie. L'éducation physique et sportive deviendra une dimension essentielle des enseignements dispensés par l'éducation nationale.

IV. La France : un pays libre et respecté. Sa sécurité et son identité

107. Développement d'une stratégie autonome de dissuasion et organisation nouvelle du service national réduit à six mois.

108. Définition claire de la portée et du contenu de l'Alliance atlantique (OTAN). Cohésion accrue de l'Europe.
109. Développement des relations entre la France et l'Union soviétique, dans le respect des traités existants.
110. Renforcement des échanges avec la Chine.
111. Liens privilégiés avec les pays non alignés de la zone méditerranéenne et du continent africain, spécialement l'Algérie.
112. Établissement de relations étroites avec le Québec. Création d'une académie francophone.

1943 : *Prélude à une déclaration des devoirs de l'être humain*, Simone Weil

L'Enracinement, prélude à une déclaration des devoirs envers l'être humain est un essai inachevé, rédigé à Londres entre janvier et avril 1943 par Simone Weil, alors qu'elle était engagée dans la France libre. Le général de Gaulle lui avait commandé un rapport sur les possibilités de redressement de la France et souhaitait, pour la Libération, une nouvelle Déclaration des droits de l'homme que la philosophe transforma en Déclaration des devoirs envers l'être humain. Abandonnant provisoirement sa carrière de professeur, Simone Weil a fait l'expérience de la pesanteur sans savoir que cela lui permettrait de faire celle de la grâce. Elle a été ouvrière chez Alsthom (l'actuel Alstom), elle a travaillé à la chaîne aux Forges de Basse-Indre, puis comme fraiseuse chez Renault. Redevenue professeur, elle a participé aux grèves de 1936, puis à la guerre d'Espagne. Née dans une famille alsacienne d'origine juive et agnostique, Simone Weil s'est convertie à partir de 1936 à ce qu'elle nommait l'« amour du Christ ». Jamais baptisée, elle n'a cessé, sa vie durant, d'approfondir sa quête de la spiritualité chrétienne. Au printemps 1940, elle propose aux autorités militaires la formation d'un corps mobile d'infirmières de première ligne, destiné à sauver des soldats. Elle entre très tôt dans la Résistance et, ne pouvant plus travailler à cause des lois contre les Juifs, elle est embauchée à sa demande comme ouvrière agricole dans l'Ardèche. À force de sacrifices, de jeûnes et de dons de sa nourriture pourtant rationnée, après avoir rédigé à Londres, où elle travaille pour la France libre, son essai décisif, elle meurt de la tuberculose alors même qu'elle cherche encore à rejoindre la France combattante de la résistance intérieure.

Son essai a été publié à titre posthume par Albert Camus, en 1949, parce qu'il y voyait « l'un des livres les plus lucides, les plus élevés, les plus beaux qu'on ait écrits depuis fort longtemps sur notre civilisation ». L'ouvrage est composé de trois parties : « Les besoins de l'âme », « Le Déracinement » et « L'Enracinement ». L'obligation engageant chaque homme envers tous les autres est celle « de satisfaire aux besoins terrestres de l'âme et du corps de chaque être humain autant qu'il est possible ». Simone Weil établit donc la liste des quatorze besoins de l'âme qui « s'ordonnent par couples de contraires et doivent se combiner en un équilibre » ; à l'instar des besoins vitaux du corps, si ces besoins de l'âme ne sont pas satisfaits, ils conduisent à « un état plus ou moins analogue à la mort ». Là où le corps a besoin de nourriture, de chaleur, de repos, etc., l'âme a ainsi besoin d'ordre mais aussi de liberté, d'obéissance et de responsabilité, d'égalité mais aussi de hiérarchie, d'honneur et de châtiment, de sécurité mais aussi de risque, de propriété privée et de propriété collective, de liberté d'opinion et de vérité. Parmi ces besoins, Simone Weil parle de « l'obéissance consentie », seule légitimité de tout pouvoir politique.

Contrairement à la Déclaration des droits de l'homme et du citoyen de 1789, qui établit d'une part des droits et de l'autre des devoirs, Simone Weil pense que la notion de droits est subordonnée à celle d'obligations. « Un homme qui serait seul dans l'univers n'aurait aucun droit, mais il aurait des obligations. » Pour elle, le droit naît de l'obligation ; dès lors, la loi des hommes doit procéder des devoirs pour faire exister les droits.

Dans la deuxième partie de son essai, Simone Weil étudie les failles du monde moderne et la décomposition de la société contemporaine dans ses trois aspects successifs : le déracinement ouvrier, le déracinement paysan et le déracinement relatif à la nation.

La troisième partie, intitulée « L'enracinement », étudie les conditions d'une réintégration harmonieuse de l'homme dans la société qui sera issue de la Libération, grâce au mouvement français de Londres autour du général de Gaulle : Simone Weil veut faire rayonner dans l'enseignement de l'histoire « l'esprit de vérité, de justice et d'amour » et donner, dans l'éducation et la culture des Français, une part prépondérante « à l'art roman, au chant grégorien, à la poésie liturgique et à l'art, à la poésie, à la prose des Grecs de la bonne époque. Là on peut boire à flots de la beauté absolument pure à tous égards. »

Des besoins fondamentaux de l'être humain

Les besoins d'un être humain sont sacrés. Leur satisfaction ne peut être subordonnée ni à la raison d'État, ni à aucune considération soit d'argent, soit de nationalité, soit de race, soit de couleur, ni à la valeur morale ou autre attribuée à la personne considérée, ni à aucune condition quelle qu'elle soit.

Il y a hors de cet univers, au-delà de ce que les facultés humaines peuvent saisir, une réalité à laquelle correspond dans le cœur humain l'exigence de bien total qui se trouve en tout homme. De cette réalité découle tout ce qui est bien ici-bas. C'est d'elle que procède toute obligation.

L'initiative et la responsabilité, le sentiment d'être utile et même indispensable, sont des besoins vitaux de l'âme humaine.

De l'inégalité et de l'argent

L'égalité est un besoin vital de l'âme humaine. Elle consiste dans la reconnaissance publique, générale, effective, exprimée réellement par les institutions et les mœurs, que la même quantité de respect et d'égards est due à tout être humain, parce que le respect est dû à l'être humain comme tel et n'a pas de degrés.

Ainsi chaque homme est égal en espérance à chaque autre, pour son propre compte quand il est jeune, pour le compte de ses enfants plus tard.

En faisant de l'argent le mobile unique ou presque de tous les actes, la mesure unique ou presque de toutes choses, on a mis le poison de l'inégalité partout.

De la hiérarchie

La hiérarchie est un besoin vital de l'âme humaine. Elle est constituée par une certaine vénération, un certain dévouement à l'égard des supérieurs, considérés non pas dans leurs personnes ni dans le pouvoir qu'ils exercent, mais comme des symboles. Ce dont ils sont les symboles, c'est ce domaine qui se trouve au-dessus de tout homme et dont l'expression en ce monde est constituée par les obligations de chaque homme envers ses semblables. Une véritable hiérarchie suppose que les supérieurs aient conscience de cette fonction de symbole et sachent qu'elle est l'unique objet légitime du dévouement de leurs subordonnés.

Les groupements d'intérêt

L'activité des groupements d'intérêts doit être continuellement contrôlée, limitée et, toutes les fois qu'il y a lieu, réprimée par les pouvoirs publics.

La sécurité

La sécurité est un besoin essentiel de l'âme. La sécurité signifie que l'âme n'est pas sous le poids de la peur ou de la terreur, excepté par l'effet d'un concours de circonstances accidentelles et pour des moments rares et courts. La peur ou la terreur, comme états d'âme durables, sont des poisons presque mortels, que la cause en soit la possibilité du chômage, ou la répression policière, ou la présence d'un conquérant étranger, ou l'attente d'une invasion probable, ou tout autre malheur qui semble surpasser les forces humaines.

Le risque

Le risque est un besoin essentiel de l'âme. L'absence de risque suscite une espèce d'ennui qui paralyse autrement que la peur, mais presque autant. D'ailleurs, il y a des situations qui, impliquant une angoisse diffuse sans risques précis, communiquent les deux maladies à la fois.

De la culture de l'effacement avant la lettre

Il serait vain de se détourner du passé pour ne penser qu'à l'avenir. C'est une illusion dangereuse de croire qu'il y ait même là une possibilité. L'opposition entre l'avenir et le passé est absurde.

Le passé détruit ne revient jamais plus. La destruction du passé est peut-être le plus grand crime. Aujourd'hui, la conservation du peu qui reste devrait devenir presque une idée fixe. Il faut arrêter le déracinement terrible que produisent toujours les méthodes coloniales des Européens, même sous leurs formes les moins cruelles. Il faut s'abstenir, après la victoire, de punir l'ennemi vaincu en le déracinant encore davantage ; dès lors qu'il n'est ni possible ni désirable de l'exterminer, aggraver sa folie serait être plus fou que lui. Il faut aussi avoir en vue avant tout, dans toute innovation politique, juridique ou technique susceptible de répercussions sociales, un arrangement permettant aux êtres humains de reprendre des racines. Cela ne signifie pas les confiner. Jamais au contraire l'aération n'a été plus indispensable.

De la diffusion de la culture

Ce qui rend notre culture si difficile à communiquer au peuple, ce n'est pas qu'elle soit trop haute, c'est qu'elle est trop basse. On prend un singulier remède en l'abaissant encore davantage avant de la lui débiter par morceaux.

La recherche des modes de transposition convenables pour transmettre la culture au peuple serait bien plus salutaire encore pour la culture que pour le peuple. Ce serait pour elle un stimulant infiniment précieux. Elle sortirait ainsi de l'atmosphère irrespirablement confinée où elle est enfermée. Elle cesserait d'être une chose de spécialistes. Car elle est actuellement une chose de spécialistes, du haut en bas, seulement dégradée à mesure qu'on va vers le bas. De même qu'on traite les ouvriers comme s'il s'agissait de lycéens un peu idiots, on traite les lycéens comme si c'étaient des étudiants considérablement fatigués, et les étudiants comme des professeurs qui auraient souffert d'amnésie et auraient besoin d'être rééduqués. La culture est un instrument manié par des professeurs pour fabriquer des professeurs qui à leur tour fabriqueront des professeurs.

Le service militaire

La caserne a été un terrible facteur de déracinement pour les jeunes paysans. C'est à ce point que l'instruction militaire a eu finalement un effet contraire à son but ; les jeunes gens avaient appris l'exercice, mais étaient moins préparés à se battre qu'avant de l'apprendre, car quiconque sortait de la caserne en sortait antimilitariste. C'est la preuve expérimentale qu'on ne peut pas, dans l'intérêt même de la machine militaire, laisser les militaires disposer souverainement de deux années de chaque vie, ou fût-ce même d'une année. Comme on ne peut pas laisser le capitalisme maître de la formation professionnelle de la jeunesse, on ne peut pas laisser l'Armée maîtresse de sa formation militaire. Les autorités civiles doivent y prendre part, et cela de manière à faire qu'elle constitue une éducation et non une corruption.

Un tour de France pour les jeunes paysans

Cela impliquerait l'organisation pour les paysans de quelque chose d'analogue au Tour de France. On pourrait y joindre des œuvres d'éducation et d'instruction, Car souvent les meilleurs des jeunes paysans, après avoir mis une sorte de violence, à treize ans, à se détourner de l'école pour se jeter dans le travail, sentent de nouveau vers dix-huit ou vingt ans le goût de s'instruire. Cela arrive d'ailleurs aussi aux jeunes ouvriers. Des systèmes d'échange pourraient permettre de partir même aux jeunes gens indispensables à leurs familles. Il va de soi que ces voyages seraient entièrement volontaires. Mais les parents n'auraient pas le droit de les empêcher. On n'imagine pas la puissance de l'idée de voyage chez les paysans, et l'importance morale qu'une telle réforme pourrait prendre, même avant d'être réalisée, à l'état de promesse, et bien plus une fois la chose entrée dans les mœurs. Le jeune garçon, ayant roulé par le monde plusieurs années sans jamais cesser d'être un paysan, rentrerait chez lui, ses inquiétudes apaisées, et fonderait un foyer. Il faudrait peut-être quelque chose d'analogue pour les jeunes filles ; il leur faut bien quelque chose pour remplacer *Marie-Claire*, et on ne peut pas leur laisser *Marie-Claire*.

La religion

Une âme jeune qui s'éveille à la pensée a besoin du trésor amassé par l'espèce humaine au cours des siècles. On fait tort à un enfant quand on l'élève dans un christianisme étroit qui l'empêche de jamais devenir capable de s'apercevoir qu'il y a des trésors d'or pur dans les civilisations non chrétiennes. L'éducation laïque fait aux enfants un tort plus grand. Elle dissimule ces trésors, et ceux du christianisme en plus.

La seule attitude à la fois légitime et pratiquement possible que puisse avoir, en France, l'enseignement public à l'égard du christianisme consiste à le regarder comme un trésor de la pensée humaine parmi tant d'autres. Il est absurde au plus haut point qu'un bachelier français ait pris connaissance de poèmes du Moyen Âge, de Polyeucte, d'Athalie, de Phèdre, de Pascal, de Lamartine, de doctrines philosophiques imprégnées de christianisme comme celles de Descartes et de Kant, de la *Divine Comédie* ou du *Paradise Lost*, et qu'il n'ait jamais ouvert la Bible. Il n'y aurait qu'à dire aux futurs instituteurs et aux futurs professeurs : la religion a eu de tout temps et en tout pays, sauf tout récemment en quelques endroits de l'Europe, un rôle dominant dans le développement de la culture, de la pensée, de la civilisation humaine. Une instruction dans laquelle il n'est jamais question de religion est une absurdité. D'autre part, de même qu'en histoire on parle beaucoup de la France aux petits Français, il est naturel qu'étant en Europe, si l'on parle de religion, il s'agisse avant tout du christianisme. En conséquence, il faudrait inclure dans l'enseignement de tous les degrés, pour les enfants déjà un peu grands, des cours qu'on pourrait étiqueter, par exemple, histoire religieuse. On ferait lire aux enfants des passages de l'Écriture, et par-dessus tout l'Évangile. On commenterait dans l'esprit même du texte, comme il faut toujours faire. On parlerait du dogme comme d'une chose qui a joué un rôle de première importance dans nos pays, et à laquelle des hommes de toute première valeur ont cru de toute leur âme ; on n'aurait pas non plus à dissimuler que quantité de cruautés y ont trouvé un prétexte ; mais surtout on essaierait de rendre sensible aux enfants la beauté qui y est contenue. S'ils demandent : « Est-ce vrai ? » il faut répondre : « Cela est si beau que cela contient certainement beaucoup de vérité. Quant à savoir si c'est ou non absolument vrai, tâchez de devenir capables de vous en rendre compte quand vous serez grands. » Il serait rigoureusement interdit de rien inclure dans les commentaires qui implique la négation du dogme ; rien non plus qui implique une affirmation. Tout instituteur ou professeur qui le désirerait et qui aurait les connaissances et le talent pédagogique nécessaires serait libre de parler aux enfants non seulement du christianisme, mais aussi, quoiqu'en insistant beaucoup moins, de n'importe quel autre courant de pensée religieuse authentique. Une pensée religieuse est authentique quand elle est universelle par son orientation. (Ce n'est pas le cas du judaïsme, qui est lié à une notion de race.) Si une telle solution était appliquée, la religion cesserait peu à peu, il faut l'espérer, d'être une chose pour ou contre laquelle on prend parti de la même manière qu'on prend parti en politique.

La fonction propre de la religion consiste à imprégner de lumière toute la vie profane, publique et privée, sans jamais aucunement la dominer.

La religion a été proclamée une affaire privée. Selon les habitudes d'esprit actuelles, cela ne veut pas dire qu'elle réside dans le secret de l'âme, dans ce lieu profondément caché où même la conscience de chacun ne pénètre pas. Cela veut dire qu'elle est affaire de choix, d'opinion, de goût, presque de fantaisie, quelque chose comme le choix d'un parti politique ou même comme le choix d'une cravate ; ou encore qu'elle est affaire de famille, d'éducation, d'entourage. Étant devenue une chose privée, elle perd le caractère obligatoire réservé aux choses publiques, et par suite n'a plus de titre incontesté à la fidélité. Quantité de paroles révélatrices montrent qu'il en est ainsi. Combien de fois, par exemple, n'entend-on pas répéter ce lieu commun : « catholiques, protestants, juifs ou libres penseurs, nous sommes tous Français », exactement comme s'il s'agissait de petites fractions territoriales du pays, comme on dirait : « Marseillais, Lyonnais ou Parisiens, nous sommes tous Français. » Dans des textes émanés du pape, on peut lire : « Non seulement du point de vue chrétien, mais plus généralement du point de vue humain… » ; comme si le point de vue chrétien, qui ou bien n'a aucun sens, ou bien prétend envelopper toutes choses dans ce monde et dans l'autre, avait un degré de généralité moindre que le point de vue humain. On ne peut concevoir un aveu de faillite plus terrible. Voilà comment se paient les « *anathema sit* ». En fin de compte, la religion, dégradée au rang d'affaire privée, se réduit au choix d'un lieu où aller passer une heure ou deux, le dimanche matin. Ce qu'il y a là de comique, c'est que la religion, c'est-à-dire la relation de l'homme avec Dieu, n'est pas regardée aujourd'hui comme une chose trop sacrée pour l'intervention d'aucune autorité extérieure, mais est mise au nombre des choses que l'État laisse à la fantaisie de chacun, comme étant de peu d'importance au regard des affaires publiques. Du moins, il en a été ainsi dans un passé récent. C'est là la signification actuelle du mot de « tolérance ». Ainsi il n'y a rien, hors l'État, où la fidélité puisse s'accrocher. C'est pourquoi jusqu'à 1940 elle ne lui avait pas été refusée. Car l'homme sent qu'une vie humaine sans fidélité est quelque chose de hideux.

L'enseignement

La tâche de l'école populaire est de donner au travail davantage de dignité en y infusant de la pensée, et non pas de faire du travailleur une chose à compartiments qui tantôt travaille et tantôt pense.

Les écoles privées, confessionnelles ou non, doivent être autorisées, non pas en vertu d'un principe de liberté, mais pour un motif d'utilité publique dans chaque cas particulier où l'école est bonne, et sous réserve d'un contrôle.

La spiritualité du travail

Notre époque a pour mission propre, pour vocation, la constitution d'une civilisation fondée sur la spiritualité du travail.

La première condition d'un réenracinement moral de la paysannerie dans le pays, c'est que le métier d'instituteur rural soit quelque chose de distinct, de spécifique, dont la formation soit non seulement partiellement, mais totalement autre que celle d'un instituteur des villes. Il est absurde au plus haut point de fabriquer dans un même moule des instituteurs pour Belleville ou pour un petit village. C'est une des nombreuses absurdités d'une époque dont le caractère dominant est la bêtise.

Du chef d'entreprise

La profession de chef d'entreprise devrait, comme celle de médecin, être au nombre de celles que l'État, dans l'intérêt public, autorise à exercer seulement sous la condition de certaines garanties. Les garanties devraient avoir rapport non seulement à la capacité, mais à l'élévation morale.

La colonisation

Même les plus odieuses des dames patronnesses hésiteraient à rassembler leurs protégés pour leur exposer dans un discours la grandeur des bienfaits accordés et de la reconnaissance due en échange. Mais un gouverneur français d'Indochine n'hésite pas, au nom de la France, à tenir ce langage, même immédiatement après les actes de répression les plus atroces ou les famines les plus scandaleuses ; et il attend, il impose des réponses qui lui fassent écho. C'est une coutume héritée des Romains. Ils ne commettaient jamais de cruautés, ils n'accordaient jamais de faveur, sans vanter dans les deux cas leur générosité et leur clémence. On n'était jamais reçu à leur demander quoi que ce fût, même un simple allégement à la plus horrible oppression, sans débuter par les mêmes éloges. Ils ont ainsi déshonoré la supplication, qui était honorable avant eux, en lui imposant le mensonge et la flatterie.

Un Français a-t-il lieu d'être heureux que la France ait un Empire, et d'y penser, d'en parler avec joie, avec fierté, et sur le ton d'un propriétaire légitime ? Non, si l'inspiration chrétienne, si la pensée de 1789 sont indissolublement mélangées à la substance même de son empire. Quand on assume, comme a fait la France de 1789, la fonction de penser pour l'univers, de définir pour lui la justice, on ne devient pas propriétaire de chair humaine. Même s'il est vrai qu'à défaut de nous, d'autres se seraient emparés de ces malheureux et les auraient traités plus mal encore, ce n'était pas un motif légitime. Un prêtre ne devient pas patron d'une maison close dans la pensée qu'un marlou traiterait ces femmes plus mal. La France n'avait pas à manquer au respect d'elle-même par compassion.

L'histoire

La perte du passé, collective ou individuelle, est la grande tragédie humaine, et nous avons jeté le nôtre comme un enfant déchire une rose. C'est avant tout pour éviter cette perte que les peuples résistent désespérément à la conquête.

Quand il est question d'histoire, la morale n'intervient plus. Il n'est jamais question des obligations de la France à l'extérieur. Quelquefois on la nomme juste et généreuse, comme si c'était là un surcroît, une plume au chapeau, un couronnement à la gloire. Les conquêtes qu'elle a faites et perdues peuvent à la rigueur être l'objet d'un léger doute, comme celles de Napoléon ; jamais celles qu'elle a conservées. Le passé n'est que l'histoire de la croissance de la France, et il est admis que cette croissance est toujours un bien à tous égards. Jamais on ne se demande si en s'accroissant elle n'a pas détruit. Examiner s'il ne lui est pas peut-être arrivé de détruire des choses qui la valaient semblerait le plus affreux blasphème. Bernanos dit que les gens d'Action Française regardent la France comme un marmot à qui on ne demande que de grandir, de prendre de la chair. Mais il n'y a pas qu'eux. C'est la pensée générale qui, sans jamais être exprimée, est toujours implicite dans la manière dont on regarde le passé du pays. Et la comparaison avec un marmot est encore trop honorable. Les êtres auxquels on ne demande que de prendre de la chair, ce sont les lapins, les porcs, les poulets. Platon a le mot le plus juste en comparant la collectivité à un animal. Et ceux que son prestige aveugle, c'est-à-dire tous les hommes, hors des prédestinés, « appellent justes et belles les choses nécessaires, étant incapables de discerner et d'enseigner quelle distance il y a entre l'essence du nécessaire et celle du bien ».

Il n'y a pas d'autre procédé pour la connaissance du cœur humain que l'étude de l'histoire jointe à l'expérience de la vie, de telle manière qu'elles s'éclairent mutuellement. on a l'obligation de fournir cette nourriture aux esprits des adolescents et des hommes. Mais il faut que ce soit une nourriture de vérité. Il faut non seulement que les faits soient exacts autant qu'on peut les contrôler, mais qu'ils soient montrés dans leur perspective vraie relativement au bien et au mal.

L'histoire est un tissu de bassesses et de cruautés où quelques gouttes de pureté brillent de loin en loin. S'il en est ainsi, c'est d'abord qu'il y a peu de pureté parmi les hommes ; puis que la plus grande partie de ce peu est et demeure cachée. Il faut en chercher si l'on peut des témoignages indirects.

La vigilance

Le fait que la France est entrée dans la voie de la résistance plus lentement, plus tard que la plupart des pays occupés montre qu'on aurait tort d'être sans inquiétude pour l'avenir.

La patrie / La nation

Poser la patrie comme un absolu que le mal ne peut souiller est une absurdité éclatante. La patrie est un autre nom de la nation ; et la nation est un ensemble de territoires et de populations assemblés par des événements historiques où le hasard a une grande part, autant que l'intelligence humaine peut en juger, et où se mélangent toujours le bien et le mal. La nation est un fait, et un fait n'est pas un absolu. Elle est un fait parmi d'autres analogues. Il y a plus d'une nation sur la surface de la Terre. La nôtre est certes unique. Mais chacune des autres, considérée en elle-même et avec amour, est unique au même degré. Il était de mode avant 1940 de parler de la « France éternelle ». Ces mots sont une espèce de blasphème. On est obligé d'en dire autant de pages si touchantes écrites par de grands écrivains catholiques français sur la vocation de la France, le salut éternel de la France, et autres thèmes semblables.

L'État

L'État est une chose froide qui ne peut pas être aimée mais il tue et abolit tout ce qui pourrait l'être ; ainsi, on est forcé de l'aimer, parce qu'il n'y a que lui. Tel est le supplice moral de nos contemporains. C'est peut-être la vraie cause de ce phénomène du chef qui a surgi partout et surprend tant de gens. Actuellement, dans tous les pays, dans toutes les causes, il y a un homme vers qui vont les fidélités à titre personnel. La nécessité d'embrasser le froid métallique de l'État a rendu les gens, par contraste, affamés d'aimer quelque chose qui soit fait de chair et de sang. Ce phénomène n'est pas près de prendre fin, et, si désastreuses qu'en aient été jusqu'ici les conséquences, il peut nous réserver encore des surprises très pénibles ; car l'art, bien connu à Hollywood, de fabriquer des vedettes avec n'importe quel matériel humain permet à n'importe qui de s'offrir à l'adoration des masses.

Le travail

La forme contemporaine de la grandeur authentique, c'est une civilisation constituée par la spiritualité du travail.

La grandeur spirituelle

Les populations malheureuses du continent européen ont besoin de grandeur encore plus que de pain, et il n'y a que deux espèces de grandeur, la grandeur authentique, qui est d'ordre spirituel, et le vieux mensonge de la conquête du monde. La conquête est l'ersatz de la grandeur. La forme contemporaine de la grandeur authentique, c'est une civilisation constituée par la spiritualité du travail.

Du bien et du mal

Au-dessus du domaine terrestre, charnel, où se meuvent d'ordinaire nos pensées, et qui est partout un mélange inextricable de bien et de mal, il s'en trouve un autre, le domaine spirituel, où le bien n'est que bien et même dans le domaine inférieur ne produit que du bien ; où le mal n'est que le mal et ne produit que du mal.

L'amour de la France, mais de quelle France ?

De remède, il n'y en a qu'un. Donner aux Français quelque chose à aimer. Et leur donner d'abord à aimer la France. Concevoir la réalité correspondant au nom de France de telle manière que telle qu'elle est, dans sa vérité, elle puisse être aimée avec toute l'âme.

Il est possible qu'aujourd'hui la France ait à choisir entre l'attachement à son empire et le besoin d'avoir de nouveau une âme. Plus généralement, elle doit choisir entre une âme et la conception romaine, cornélienne de la grandeur.

Le sentiment de tendresse poignante pour une chose belle, précieuse, fragile et périssable est autrement chaleureux que celui de la grandeur nationale. La pensée de la faiblesse peut enflammer l'amour comme celle de la force, mais c'est d'une flamme bien autrement pure. La compassion pour la fragilité est toujours liée à l'amour.

De la probité chez les hommes publics

Il faut que le crime d'improbité envers l'État chez les hommes publics soit effectivement puni plus sévèrement que le vol à main armée.

De l'obéissance à l'État et à ceux qui prétendent le gouverner

Il faut obéir à l'État, quel qu'il soit, à peu près comme des enfants affectueux, que les parents en voyage ont confiés à une gouvernante médiocre, lui obéissent néanmoins pour l'amour des parents. Si l'État n'est pas médiocre, tant mieux ; il faut d'ailleurs toujours que la pression de l'opinion publique s'exerce comme stimulant pour le pousser à sortir de la médiocrité ; mais qu'il soit médiocre ou non, l'obligation d'obéissance est identique. Elle n'est certes pas illimitée, mais elle ne peut avoir d'autre limite que la révolte de la conscience.

Il faut que les hommes qui se proposent au pays pour le gouverner reconnaissent publiquement certaines obligations répondant aux aspirations essentielles du peuple, éternellement inscrites au fond des âmes. Il faut que le peuple ait confiance dans leur parole et dans leur capacité et reçoive le moyen de le témoigner ; et il faut que le peuple sente qu'en les acceptant il s'engage à leur obéir.

De la politique et du pouvoir

On ne regarde presque jamais la politique comme un art d'espèce tellement élevée. Mais c'est qu'on est accoutumé depuis des siècles à la regarder seulement, ou en tout cas principalement, comme la technique de l'acquisition et de la conservation du pouvoir. Or le pouvoir n'est pas une fin. Par nature, par essence, par définition, il constitue exclusivement un moyen. Un compositeur qui a besoin d'un piano pour l'invention des mélodies se trouvera embarrassé s'il est dans un village où il n'y en a pas. Mais si on lui en procure un, il s'agit alors qu'il compose. Malheureux que nous sommes, nous avions confondu la fabrication d'un piano avec la composition d'une sonate.

De la civilisation

Quatre obstacles surtout nous séparent d'une forme de civilisation susceptible de valoir quelque chose. Notre conception fausse de la grandeur ; la dégradation du sentiment de la justice ; notre idolâtrie de l'argent ; et l'absence en nous d'aspiration religieuse. On peut s'exprimer à la première personne du pluriel sans aucune hésitation, car il est douteux qu'à l'instant présent un seul être humain sur la surface du globe terrestre échappe à cette quadruple tare, et plus douteux encore qu'il y en ait un seul dans la race blanche. Mais s'il y en a quelques-uns, comme il faut malgré tout l'espérer, ils sont cachés. Notre conception de la grandeur est la tare la plus grave et celle dont nous avons le moins conscience comme d'une tare. Notre conception de la grandeur est celle même qui a inspiré la vie tout entière d'Hitler. Quand nous la dénonçons sans la moindre trace de retour sur nous-mêmes, les anges doivent pleurer ou rire, s'il y a des anges qui s'intéressent à notre propagande.

De la civilisation chrétienne

Une civilisation chrétienne, où la lumière chrétienne aurait illuminé la vie entière, n'aurait été possible que si la conception romaine de l'asservissement des esprits par l'Église avait été éliminée. Au début du XIIIe siècle, la civilisation encore à venir fut détruite par l'établissement de l'Inquisition, et par l'étouffement de la pensée religieuse sous la notion d'orthodoxie.

La notion d'orthodoxie, en séparant rigoureusement le domaine relatif au bien des âmes et le domaine relatif aux choses dites profanes, dans lequel l'intelligence est libre, rend impossible cette pénétration mutuelle du religieux et du profane qui serait l'essence d'une civilisation chrétienne.

Du progrès

La pensée du progrès a été plus tard laïcisée ; elle est maintenant le poison de notre époque. En posant que l'inhumanité était au XIVe siècle une grande et bonne chose, mais une horreur au XIXe, pouvait-on empêcher un petit gars du XXe siècle, amateur de lectures historiques, de se dire : « Je sens en moi-même que maintenant l'époque où l'humanité était une vertu est finie et que l'époque de l'inhumanité revient » ? Qui interdit d'imaginer une succession cyclique au lieu d'une ligne continue ? Le dogme du progrès déshonore le bien en en faisant une affaire de mode.

De la pureté

Les églises romanes, le chant grégorien n'ont pu surgir que parmi des populations où il y avait beaucoup plus de pureté qu'il n'y en a eu aux siècles suivants.

De la fausse grandeur

Depuis que le peuple sait lire et n'a plus de traditions orales, ce sont les gens capables de manier une plume qui fournissent au public des conceptions de la grandeur et des exemples susceptibles de les illustrer.

Pour aimer la France, il faut sentir qu'elle a un passé, mais il ne faut pas aimer l'enveloppe historique de ce passé. Il faut en aimer la partie muette, anonyme, disparue. La transmission de la fausse grandeur a travers les siècles n'est pas particulière à l'histoire. C'est une loi générale. Elle gouverne aussi par exemple les lettres et les arts. Il y a une certaine domination du talent littéraire sur les siècles qui répond à la domination du talent politique dans l'espace ; ce sont des dominations de même nature, également temporelles, appartenant également au domaine de la matière et de la force, également basses. Aussi peuvent-elles être un objet de marché et d'échange.

Comment un enfant qui voit glorifier dans les leçons d'histoire la cruauté et l'ambition ; dans celles de littérature l'égoïsme, l'orgueil, la vanité, la soif de faire du bruit ; dans celles de science toutes les découvertes qui ont bouleversé la vie des hommes, sans qu'aucun compte soit tenu ni de la méthode de la découverte ni de l'effet du bouleversement ; comment apprendrait-il à admirer le bien ? Tout ce qui essaie d'aller contre ce courant si général, par exemple les éloges de Pasteur, sonne faux. Dans l'atmosphère de la fausse grandeur, il est vain de vouloir retrouver la véritable. Il faut mépriser la fausse grandeur.

Des traditions

Un missionnaire qui persuade un Polynésien d'abandonner ses traditions ancestrales, si poétiques et si belles, sur la création du monde, pour celles de la Genèse, imprégnées d'une poésie très semblable, ce missionnaire puise sa force persuasive dans la conscience qu'il a de sa supériorité d'homme blanc, conscience fondée sur la science. Il est pourtant personnellement étranger à la science autant que le Polynésien, car quiconque n'est pas spécialiste y est tout à fait étranger. La Genèse y est bien plus étrangère encore. Un instituteur de village qui se moque du curé, et dont l'attitude détourne les enfants d'aller à la messe, puise sa force persuasive dans la conscience qu'il a de sa supériorité d'homme moderne sur un dogme moyenâgeux, conscience fondée sur la science. Pourtant, relativement à ses possibilités de contrôle, la théorie d'Einstein est pour le moins aussi peu fondée et aussi contraire au bon sens que la tradition chrétienne concernant la conception et la naissance du Christ.

De la misère spirituelle

Dans la catastrophe de notre temps, les bourreaux et les victimes sont, les uns et les autres, avant tout les porteurs involontaires d'un témoignage sur l'atroce misère au fond de laquelle nous gisons.

De la mort

La mort est ici-bas la transformation d'un être fait de chair frémissante et de pensée, d'un être qui désire et hait, espère et craint, veut et ne veut pas, en un petit tas de matière inerte.

Du travail physique

Immédiatement après le consentement à la mort, le consentement à la loi qui rend le travail indispensable à la conservation de la vie est l'acte le plus parfait d'obéissance qu'il soit donné à l'homme d'accomplir. Dès lors, les autres activités humaines, commandement des hommes, élaboration de plans techniques, art, science, philosophie, et ainsi de suite, sont toutes inférieures au travail physique en signification spirituelle.

Des éléments de gouvernance de société et de civilisation pour 2022-2027, sous-tendus par une déclaration des devoirs envers l'être humain (Simone Weil)

- Un président qui rende à l'État ses prérogatives régaliennes de régulation dans l'intérêt général, afin de privilégier le bien commun, la cohésion sociale et le « vivre ensemble ».
- Un président qui rassemble sans diviser et sans cliver.
- Un président qui lutte contre l'externalisation de la production des biens indispensables.
- Un président qui lutte contre les grandes fractures : la fracture sociale, la fracture générationnelle, la fracture numérique, la fracture de la mémoire, la fracture de la responsabilité.

- Un président qui lutte contre les grandes évasions : l'évasion fiscale, l'évasion du travail.
- Un président qui lutte contre le blanchiment de l'argent : celui de la drogue, celui de l'évasion fiscale, celui de la corruption.
- Un président qui restaure les conditions vitales du ciment et du progrès de la société : l'enseignement, la santé, la police, la justice.
- Un président qui n'agite plus les grandes peurs : celle de l'insécurité et celle de l'immigration.
- Un président qui n'aggrave pas la précarité des retraités.
- Un président qui nationalise les services publics indispensables à la cohésion sociale : la fourniture de l'énergie, de l'eau, la création et la gestion des routes, du rail et de l'aérien.
- Un président qui mette en place un véritable urbanisme.
- Un président qui mette en place une écologie véritablement globale ne se limitant pas à la protection de la faune et de la flore.
- Un président qui réhabilite le nucléaire tout en relançant la recherche qui permet de sécuriser et de développer son fonctionnement.
- Un président qui mette en partie l'armée au service de la paix et de la sécurité civile.
- Un président qui soutienne la recherche.

- Un président qui parie sur le rail plus que sur la route, et qui endigue le déraillement de la SNCF.
- Un président qui réhabilite l'efficacité du suffrage majoritaire et qui rappelle les faiblesses du suffrage proportionnel dont tout le monde oublie que, sous son règne, la quatrième république a vu se succéder vingt-quatre gouvernements en douze ans, dont certains ne sont restés en place que quelques semaines.
- Un président qui régule l'activité des GAFA et des fonds de pension.
- Un président qui régule l'activité des EHPAD.
- Un président qui taxe davantage le patrimoine financier que le patrimoine immobilier.
- Un président qui neutralise le différentiel de salaire à responsabilités égales entre les hommes et les femmes.
- Un président qui rétablit l'ISF.
- Un président qui contribue à développer une Europe humaniste misant sur la culture, sur la solidarité sociale et sur l'éthique.
- Un président qui favorise le développement du commerce de proximité.
- Un président qui fasse intégrer dans la constitution la prise en compte des votes blancs des électeurs.
- Un président qui fasse sanctionner les citoyens qui ne remplissent pas leurs devoirs d'électeurs.

Conclusion : la tentation de l'obscurantisme

Régulièrement, dans l'histoire, revient la tentation récurrente de l'obscurantisme, éprouvée pourtant par des intellectuels dont on ne peut pas dire qu'ils ont l'excuse d'être idiots. Léon Bloy, l'homme aux yeux revolver, n'a pas échappé à la tradition. À la fin du XIXe siècle, les anathèmes de cet esprit pourtant pertinent, mais qui avait parfois tendance à s'égarer, pouvaient déjà faire converger les imprécations contre la démocratie, le suffrage universel, la presse, la vaccination, sans oublier l'islam. « Un des inconvénients les moins observés du suffrage universel, c'est de contraindre des citoyens en putréfaction à sortir de leurs sépulcres pour élire ou pour être élus », écrivait-il dans son journal en 1903. Ou encore, dans *Quatre ans de captivité à Cochons-sur-Marne*, entre 1902 et 1904 : « À force d'avilissement, les journalistes sont devenus si étrangers à tout sentiment d'honneur qu'il est absolument impossible, désormais, de leur faire comprendre qu'on les vomit et qu'après les avoir vomis, on les ravale avec fureur pour les déféquer. La corporation est logée à cet étage d'ignominie où la conscience ne discerne plus ce que c'est que d'être un salaud. »

Rajoutons à cela son côté « antivax » lorsqu'il évoquait « l'ordure » Louis Pasteur : « J'exprime fortement, quoiqu'inutilement, mon horreur pour cette ordure, dont l'humanité s'est si bien passée, jusqu'au dernier siècle, et dont l'Angleterre nous gratifia. Le courant moderne est, d'ailleurs, aux inoculations de tout genre. On finira par putréfier les petits enfants de quarante sortes de vaccins. » (*Le Mendiant ingrat*, 1898) De même son côté islamophobe : « Depuis une dizaine de siècles, au moins, il n'y a jamais eu qu'une Question d'Orient, question à triple face et à triple tour. Extermination ou du moins expulsion des Musulmans, extermination des Grecs et conquête du Saint-Sépulcre. Tout le reste est imbécillité et mensonge. » (*Journal*, 1904)

Léon Bloy ne faisait qu'exprimer ici la détresse de tous les désenchantés, de tous les désespérés, de tous ceux que la vie a brisés au fil des épreuves terribles qu'elle leur a fait subir : le glissement dans la folie de l'amour de sa vie et la perte de ses deux fils. Celui qui ne voulait pourtant surtout pas rester à la postérité comme « le pamphlétaire à perpétuité » vivait très mal dans son époque : « Je pense qu'il n'y a jamais eu d'époque aussi dénuée d'intérêt. Uniformité désespérante de la platitude et de l'ordure, attestée par les sécrétions du journalisme. » (*L'Invendable*, 1909)

La tentation de l'obscurantisme nous menace tous. Elle risque à chaque instant, si nous nous aigrissons, de nous transformer en vieux cons.

En guise d'épilogue : le discours de Charlot

En ce printemps 2022, la course à la présidence de la République française est polluée par la posture des candidats qui, pour la plupart, cèdent au vertige croisé de leur ego et de leur volonté de puissance. La conquête du pouvoir pour lui-même n'a aucun intérêt. Elle finit par engendrer des régnants qui tournent en boucle et qui étaient déjà hors sol avant même de s'être déclarés.

À l'automne 1938, au moment de la Nuit de Cristal, alors qu'en Europe les accords de Munich avaient été signés, Charlie Chaplin achevait la première ébauche d'un scénario écrit dans le plus grand secret. Des rumeurs avaient néanmoins circulé annonçant que le créateur de Charlot avait décidé de réaliser son premier film parlant et qu'il interpréterait un personnage inspiré d'Adolf Hitler. Le tournage commença en septembre 1939 et le film sortit en 1940. C'est le premier film qui s'opposait ouvertement à Hitler. Le gouvernement allemand protesta officiellement contre la réalisation du film qui laissait entrevoir la possibilité d'une nouvelle guerre en Europe. Le film fut censuré en Espagne (jusqu'en 1975), en Allemagne (jusqu'en 1945), en France et en Irlande.

Le Dictateur est le premier film parlant de Charlie Chaplin. On a longtemps été fasciné par les images du film qui tournent en dérision Adolf Hitler, tout en prenant très au sérieux ce représentant du côté obscur de la force qui va plonger le monde dans le chaos de la violence, de la discorde et dans la barbarie du génocide que l'on sait. Charlie Chaplin et Adolf Hitler sont venus au monde à moins de quatre jours d'intervalle. C'est une petite moustache en brosse à dents qui sert de signe distinctif à l'acteur comme au dictateur. Chacun reflète la même réalité – les difficultés d'un « petit homme » dans la société moderne. Chacun est un miroir déformant, l'un pour le bien, l'autre pour le mal absolu. L'un est devenu un ange blanc, l'autre un ange noir.

Dans son film, Charlie Chaplin interprète à la fois un modeste petit barbier, un ancien Poilu amnésique de la Grande Guerre qui vit dans le ghetto juif, et Hynkel, le dictateur chef de l'État de la Tomania. Alors que le dictateur savoure ses dernières conquêtes en prenant des vacances, il est arrêté par erreur et par ses propres troupes, et le barbier est confondu avec le dictateur.

Réalisant l'importance de sa nouvelle position et le pouvoir que lui donne la méprise, le barbier prononce un discours devant le peuple de Tomania qui le prend pour Hynkel, dénonçant tous les méfaits de son sosie, allant jusqu'à faire l'éloge de la démocratie.

Charlie Chaplin consacra plusieurs mois à préparer, à écrire et à réécrire le discours de la fin du film où le barbier, pris pour Hynkel, lance un appel à la paix. Les mots de Charlot ne composent pas seulement le moment le plus intense du premier film parlant de Charlie Chaplin. Ils n'ont rien perdu de leur actualité, plus de quatre-vingts ans après qu'ils ont été mûrement prémédités. On rêve de voir les mots suivants repris par un candidat ou par une candidate dont l'unique préoccupation serait le destin de ceux qu'il ou elle prétend vouloir gouverner.

> Je suis désolé, mais je ne veux pas être empereur, ce n'est pas mon affaire. Je ne veux ni conquérir, ni diriger personne. Je voudrais aider tout le monde dans la mesure du possible, juifs, chrétiens, païens, blancs et noirs. Nous voudrions tous nous aider, les êtres humains sont ainsi. Nous voulons donner le bonheur à notre prochain, pas le malheur. Nous ne voulons ni haïr ni humilier personne.

Dans ce monde, chacun de nous a sa place et notre terre est bien assez riche pour nourrir tout le monde. Nous pourrions tous avoir une belle vie libre, mais nous avons perdu le chemin.

L'avidité a empoisonné l'esprit des hommes, a barricadé le monde avec la haine, nous a fait sombrer dans la misère et les effusions de sang. Nous avons développé la vitesse pour finir enfermés. Les machines qui nous apportent l'abondance nous laissent néanmoins insatisfaits. Notre savoir nous a rendu cyniques, notre intelligence inhumains. Nous pensons beaucoup trop et ne ressentons pas assez. Étant trop mécanisés, nous manquons d'humanité. Étant trop cultivés, nous manquons de tendresse et de gentillesse. Sans ces qualités, la vie n'est plus que violence et tout est perdu. Les avions, la radio nous ont rapprochés les uns des autres, ces inventions ne trouveront leur vrai sens que dans la bonté de l'être humain, que dans la fraternité, l'amitié et l'unité de tous les hommes.

En ce moment même, ma voix atteint des millions de gens à travers le monde, des millions d'hommes, de femmes, d'enfants désespérés, victimes d'un système qui torture les faibles et emprisonne des innocents.

Je dis à tous ceux qui m'entendent : ne désespérez pas ! Le malheur qui est sur nous n'est que le produit éphémère de l'avidité, de l'amertume de ceux qui ont peur des progrès qu'accomplit l'humanité. Mais la haine finira par disparaître et les dictateurs mourront, et le pouvoir qu'ils avaient pris aux peuples va retourner aux peuples. Et tant que les hommes mourront, la liberté ne pourra périr. Soldats, ne vous donnez pas à ces brutes, ceux qui vous méprisent et font de vous des esclaves, enrégimentent votre vie et vous disent ce qu'il faut faire, penser et ressentir, qui vous dirigent, vous manœuvrent, se servent de vous comme chair à canons et vous traitent comme du bétail. Ne donnez pas votre vie à ces êtres inhumains, ces hommes-machines avec des cerveaux-machines et des cœurs-machines. Vous n'êtes pas des machines ! Vous n'êtes pas des esclaves ! Vous êtes des hommes, des hommes avec tout l'amour du monde dans le cœur. Vous n'avez pas de haine, seuls ceux qui manquent d'amour et les inhumains haïssent. Soldats ! Ne vous battez pas pour l'esclavage, mais pour la liberté !

Il est écrit dans l'Évangile selon saint Luc : « Le Royaume de Dieu est au dedans de l'homme », pas dans un seul homme ni dans un groupe, mais dans tous les hommes, en vous, vous le peuple qui avez le pouvoir : le pouvoir de créer les machines, le pouvoir de créer le bonheur. Vous, le peuple, en avez le pouvoir : le pouvoir de rendre la vie belle et libre, le pouvoir de faire de cette vie une merveilleuse aventure. Alors, au nom même de la Démocratie, utilisons ce pouvoir. Il faut nous unir, il faut nous battre pour un monde nouveau, décent et humain qui donnera à chacun l'occasion de travailler, qui apportera un avenir à la jeunesse et à la vieillesse la sécurité. Ces brutes vous ont promis toutes ces choses pour que vous leur donniez le pouvoir – ils mentent. Ils ne tiennent pas leurs promesses – jamais ils ne le feront. Les dictateurs s'affranchissent en prenant le pouvoir mais réduisent en esclavage le peuple. Alors, battons-nous pour accomplir cette promesse ! Il faut nous battre pour libérer le monde, pour abolir les frontières et les barrières raciales, pour en finir avec l'avidité, la haine et l'intolérance. Il faut nous battre pour construire un monde de raison, un monde où la science et le progrès mèneront vers le bonheur de tous. Soldats, au nom de la Démocratie, unissons-nous !

Hannah, est-ce que tu m'entends ? Où que tu sois, lève les yeux ! Lève les yeux, Hannah ! Les nuages se dissipent ! Le soleil perce ! Nous émergeons des ténèbres pour trouver la lumière ! Nous pénétrons dans un monde nouveau, un monde meilleur, où les hommes domineront leur cupidité, leur haine et leur brutalité. Lève les yeux, Hannah ! L'âme de l'homme a reçu des ailes et enfin elle commence à voler. Elle vole vers l'arc-en-ciel, vers la lumière de l'espoir. Lève les yeux, Hannah ! Lève les yeux !

Bibliographie et sources

Batardy, Christophe, *Le Programme commun de la gauche (1972-1977). C'était le temps des programmes*, Presses universitaires de Bordeaux, 2021.

Bouchet, Christophe, *Lettre ouverte aux candidats d'un petit élu de province*, Hugo Doc, 2022.

Brayard, Florent (dir.), Wirsching, Andreas (dir.), *Historiciser le mal. Une édition critique de* Mein Kampf, Fayard, 2021.

Castanet, Victor, *Les Fossoyeurs. Révélations sur le système qui maltraite nos aînés*, Fayard, 2022.

Chalghoumi, Hassen, *Libérons l'islam de l'islamisme. Quand la laïcité protège les religions de l'extrémisme*, Hugo Doc, 2022.

Collectif, *110 propositions pour la France, programme de gouvernement préparé par le Parti socialiste (PS) pour l'élection présidentielle d'avril-mai 1981* (en ligne sur le site du *Monde diplomatique*).

Guéno, Jean-Pierre, *La Terre en héritage*, Kiwi, 2020.

Guéno, Jean-Pierre, *Saint-Exupéry : le journal d'une vie*, Kiwi, 2020.

Guéno, Jean-Pierre, *Votons ! Ce que Jaurès, De Gaulle, Saint-Exupéry ont encore à dire aux Français déboussolés*, Hugo Doc, 2017.

Hidalgo, Anne, *Une femme française*, L'Observatoire, 2021.

Jadot, Yannick, *Aujourd'hui, tout commence ! Pour une Europe enfin démocratique, écologique et solidaire*, Les liens qui libèrent, 2019.

Mélenchon, Jean-Luc, *L'Avenir en commun. Le programme pour l'union populaire*, Seuil, 2021.

Pécresse, Valérie, *Et c'est cela qui changea tout*, Robert Laffont, 2019.

Roussel, François, Watiez, Laurent, *Ma France, heureuse, solidaire et digne*, Le Cherche-Midi, 2021.

Viard, Jean, *La révolution que l'on attendait est arrivée. Le réenchantement du territoire*, Aube, 2021.

Weil, Simone, *L'Enracinement. Prélude à une déclaration des devoirs envers l'être humain*, Gallimard, « Folio », 1990 [1949].

Zemmour, Éric, *La France n'a pas dit son dernier mot*, Rubempré, 2021.

Table des matières